Atelier Bébé
zéro déchet

Valentine Vincenot
happy as a bee
Photographies de Jonas Jacquel

Atelier Bébé
zéro déchet

+ de 30 projets récup pour bambins écolo...

MARABOUT D'FICELLE

Introduction

J'ai toujours fait partie du Gang des collectionneuses. Petite, je gardais chaque morceau de fil, de ruban ou d'emballage dans l'idée de les réutiliser un jour. En grandissant ça n'a pas vraiment changé, au grand désarroi de mon mari… ! Heureusement, avec le temps, j'ai appris à les transformer et à leur donner une deuxième vie !

Vous trouverez dans ce livre de nombreuses idées pour transformer vos petits trésors ou des objets que vous auriez destinés à la poubelle. Caisse en bois, emballage de lait en poudre, chute de tissu : ne jetez plus, upcyclez !

Pour vous fournir en tissu, regardez dans vos placards, faites du tri parmi les vêtements que vous ne portez plus (car trop petits, tachés ou démodés), dénichez des merveilles chez vos grand-mères et fouinez chez Emmaüs et dans les vide-greniers. Le couvre-lit jauni se transformera en super rembourrage de tapis d'éveil ou cette robe tachée pourra devenir une jolie base de gigoteuse… **Sous vos doigts, ces tissus délaissés seront remis en valeur de façon originale… et zéro déchet !**

Sommaire

Techniques p. 65
Patrons p. 67

Barboteuse 9

Protège-carnet de santé 11

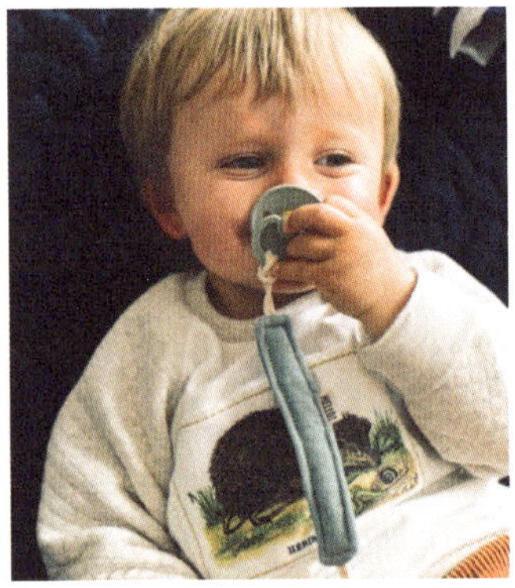
Accroche-tétine 12

Livre d'éveil 14

Trophée lion 17

Guirlande de fanions 18

Tapis d'éveil 21

Ballon veilleuse 22

Cirque pour doudous 25

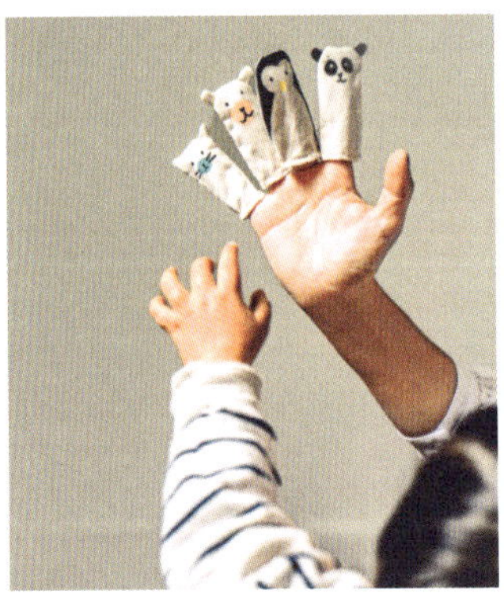
Marionnettes à doigts 27

Coffre de rangement 29

Bavoir 30

nnet de naissance 33

Patch 34

Trousse de toilette 37

Coussin poire 39

its pots et Lingettes 41

Éponge tawashi 42

Étagère rêverie 44

Sac à tout 47

duit lavant 49

Anneaux de dentition 51

Gigoteuse 52

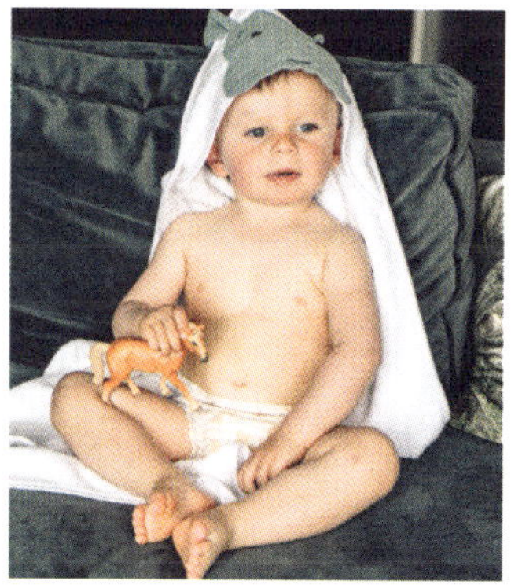

Cape de bain 55

dou lion 57

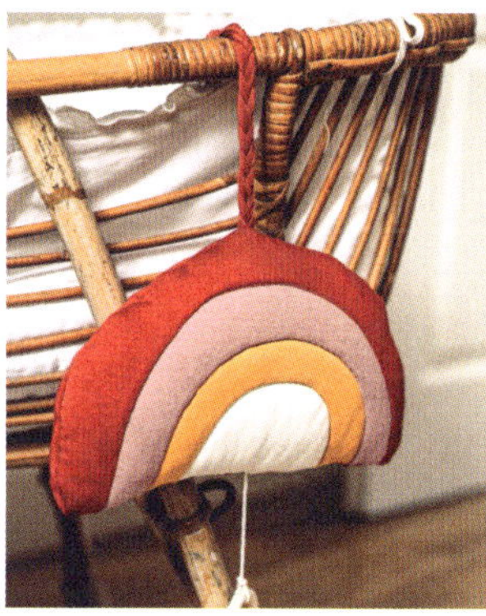

Boîte à musique 59

Sac à dos 60

Mobile 63

Barboteuse

– avant, c'était une chemise –

FOURNITURES

I chemise taille adulte

50 cm d'élastique plat de 0,5 cm de largeur environ pour les cuisses (22 cm : I mois, 23 cm : 3 mois et 24 cm : 6 mois)

I,5 m de biais

I bobine de fil assorti

MATÉRIEL

Papier-calque

I crayon à papier

I boîte d'épingles

I épingle de nourrice

I paire de ciseaux

I machine à coudre

PATRON

Voir page 73

1 Lavez la chemise et, si elle possède une poche poitrine, décousez-la. Décalquez les pièces du patron et découpez-les. Épinglez-les sur la chemise. Le devant doit être positionné sur le devant de la chemise, la patte de boutonnage bien centrée.

2 Agrandissez le patron en vous reportant à la note page 67, décalquez-le et découpez les différentes pièces : le devant et le dos.

3 Découpez une bande 5,5 x 60 cm pour la colerette.

4 Superposez le dos et le devant endroit contre endroit et assemblez les épaules. Retournez sur l'endroit.

5 Faites un ourlet mouchoir (un ourlet très fin) ou un ourlet roulotté sur une longueur et les deux largeurs de la collerette. Passez deux fils de fronces le long du côté sans ourlet.

6 Si vous faites une collerette, tirez sur les fils de fronces de la collerette pour la ramener à la dimension de l'encolure et épinglez-la autour de l'encolure, envers de la collerette contre endroit de la barboteuse, en commençant au bord de la patte de boutonnage et en répartissant les fronces. Piquez à 0,5 cm du bord. Passez directement à l'étape 6 si vous ne faites pas de collerette.

7 Épinglez le biais autour de l'encolure, endroit contre endroit et bord à bord, en rabattant les extrémités du biais. Piquez près du bord. Repassez les marges de couture (tissu et biais) vers l'envers, repliez le biais sur l'envers de l'encolure et repassez. Piquez le biais.

8 Épinglez les côtés de la barboteuse endroit contre endroit et piquez-les. Retournez la barboteuse sur l'endroit.

9 Épinglez un biais le long de l'ouverture d'une cuisse, endroit contre endroit et bord à bord, en rabattant les extrémités du biais de chaque côté. Piquez à 0,5 cm du bord. Repassez les marges de couture vers l'envers, retournez le bais sur l'envers du vêtement et piquez-le à 0,8 cm du bord de façon à former une coulisse. Procédez de la même manière pour réaliser une coulisse sur l'autre jambe.

10 Coupez l'élastique en deux. Passez un morceau d'élastique dans une coulisse avec une épingle de nourrice, superposez les extrémités et piquez. Passez un élastique dans l'autre coulisse et cousez ses extrémités.

10 Superposez les deux parties de l'entrejambe endroit contre endroit et faites une couture. Posez un biais autour des emmanchures.

Nom
VINCENOT
Anatole

Protège-carnet de santé

– avant, c'était des chutes de tissu –

FOURNITURES

1 chute de tissu d'environ 30 x 40 cm pour l'extérieur

1 chute de tissu d'environ 30 x 80 cm pour l'intérieur et les rabats

1 bobine de fil assorti

Fils à broder

MATÉRIEL

1 boîte d'épingles

1 aiguille à broder

1 paire de ciseaux

1 machine à coudre

1 fer à repasser

POINTS UTILISÉS

Point arrière

Passé plat

PATRON

Voir pages 69 et 72-73

1 Coupez un rectangle de 33 x 24 cm dans le tissu pour l'intérieur et le tissu pour l'extérieur.

2 Coupez deux rectangles de 20 x 24 cm pour les rabats.

3 Pliez les rabats en deux envers contre envers, de façon qu'ils mesurent 10 x 24 cm.

4 Brodez le contour du motif au centre de la couverture au point arrière sur le tissu pour l'extérieur et les chapeaux et les détails au passé plat. Brodez sous le motif le nom du bébé au point arrière.

5 Placez les rabats sur le tissu pour l'extérieur, endroit contre endroit et bord à bord. Positionnez par-dessus le tissu pour l'intérieur, endroit contre endroit.

6 Épinglez le tour et faites une couture à 1 cm du bord, en laissant une ouverture d'une dizaine de centimètres sur une des longueurs.

7 Crantez les angles et dégarnissez les coutures.

8 Retournez le protège-carnet de santé, et repassez-le.

9 Fermez l'ouverture par une couture à la main.

Accroche-tétine

– avant, c'était des chutes de tissu –

FOURNITURES

Chutes de tissu

Chute d'ouate de rembourrage

2 morceaux de corde en coton de 12 cm

1 étiquette

1 système d'attache

MATÉRIEL

1 boîte d'épingles

1 baguette en bois

1 paire de ciseaux

1 machine à coudre

1 Coupez deux rectangles de 18 x 5 cm dans les chutes de tissu, et un morceau d'ouate de rembourrage aux mêmes dimensions.

2 Positionnez les deux rectangles de tissu l'un sur l'autre, endroit contre endroit. Pliez en deux les morceaux de corde et épinglez-les dessus, à chaque extrémité, bord à bord, les boucles de corde sur le tissu. Superposez sur le tout le rectangle d'ouate. Si vous souhaitez ajouter une étiquette sur un côté, c'est le moment de la positionner entre l'ouate et le tissu.

3 Piquez tout le tour à 1 cm du bord, en laissant une ouverture. Dégarnissez les angles et retournez sur l'endroit, en vous aidant d'une baguette pour former proprement les angles.

4 Fermez l'ouverture. Faites une surpiqûre à 0,2 cm du bord pour terminer.

HELLO!

Livre d'éveil

– avant, c'était des chutes de tissus –

FOURNITURES

Chutes de tissu

Molleton

Flex thermocollant
de différentes couleurs
(vert, rouge, jaune...)

7 pompons de 2 cm
de ø environ

Chutes de ruban vert large

Chutes de cordonnet vert
(facultatif)

20 cm de biais

Fil à broder de différentes
couleurs

MATÉRIEL

Papier-calque

1 crayon à papier

1 stylo à encre effaçable

1 aiguille à broder

1 boîte d'épingles

1 paire de ciseaux

1machine à coudre

1 fer à repasser

PATRON

Voir page 75

1 Coupez 6 morceaux de tissu de 16 x 15 cm dans le tissu de votre choix. Coupez 3 morceaux de molleton aux mêmes dimensions.

2 Décalquez la pomme, la cerise, le citron et la pastèque, reportez-les au dos du Flex et découpez-les. Fixez-les sur les morceaux de tissu au fer à repasser. Si vous n'avez pas de Flex, reportez les motifs sur les tissus et brodez-les.

3 Décalquez l'ananas, reportez deux fois sa forme dans un morceau de tissu de couleur et découpez les deux pièces. Superposez-les endroit contre endroit, piquez le tour en laissant le haut ouvert et crantez. Retournez sur l'endroit et faites un matelassage en losange avec des piqûres espacées de 2 cm. Pliez en deux trois morceaux de ruban vert et deux morceaux de cordonnet d'environ 8 cm de longueur, glissez leurs extrémités dans l'ouverture et piquez à 2 mm du bord. Cousez l'ananas sur un des morceaux de tissu.

4 Décalquez la feuille de raisin puis découpez-la dans du Flex vert. Fixez-la au fer à repasser sur un morceau de tissu, et cousez les pompons à la main de façon à former une grappe de raisin. Brodez le prénom de l'enfant à qui est destiné le livre sur une des pages.

5 Superposez les pages du livre endroit contre endroit, deux par deux. Ajoutez un morceau de molleton par-dessus et piquez à 0,5 cm du bord le bas, un côté et le haut. Crantez les angles et retournez.

6 Superposez les pages du livre, côtés ouverts orientés de la même manière. Piquez le côté ouvert des pages, en prenant bien toutes les épaisseurs dans la piqûre. Pour terminer, posez un biais sur cette couture.

Trophée lion

– avant, c'était des restes de fil à tricoter –

FOURNITURES

Restes de fil à tricoter

22 x 22 cm de toile de jute ou de toile Aïda

Fil à broder noir

MATÉRIEL

Papier-calque

1 crayon à papier

1 crayon à encre effaçable

1 aiguille à puncher

1 aiguille à broder

1 cercle à broder de 20 cm de ø

POINTS UTILISÉS

Point plat en punch needle

Point de bouclette en punch needle

PATRON

Voir page 68

1 Tendez la toile sur le tambour. Agrandissez le motif en vous reportant à la note page 67, décalquez-le et reportez-le sur la toile.

2 Enfilez la couleur choisie pour la tête sur la punch needle et brodez tout l'intérieur de la tête au point plat. Changez de couleur et réalisez le museau de la même manière.

3 Changez de couleur pour la crinière. Retournez la broderie et brodez la crinière sur l'envers au point de bouclette.

4 Une fois le motif terminé, brodez les yeux, le museau et la bouche au passé plat, avec l'aiguille et le fil à broder.

ASTUCES

- Essayez au maximum de faire des points réguliers, surtout pour la tête du lion.
- Tendez bien la toile, et n'hésitez pas à la retendre en cours de travail. Cela vous facilitera la tâche.
- Le fil de la punch needle doit être lâche, sinon les boucles ne se formeront pas correctement et les points vont sauter.
- Pour remplir une forme arrondie, brodez d'abord le contour puis travaillez en colimaçon. Pour les formes plus géométriques, avancez plutôt ligne après ligne.

Guirlande de fanions

– avant, c'était des chutes de tissu –

FOURNITURES

Chutes de tissu

2,5 m de biais

Restes de fil à tricoter, petits pompons, grelots...

1 bobine de fil

MATÉRIEL

Papier-calque

1 crayon à papier

1 aiguille

1 boîte d'épingles

1 paire de ciseaux

1 machine à coudre

1 fer à repasser

PATRON

Voir page 69

1 Agrandissez le patron en vous reportant à la note page 67, décalquez- le et découpez-le. Coupez 18 triangles dans des chutes de tissu.

2 Superposez deux triangles, endroit contre endroit. Assemblez les deux côtés de la pointe. Laissez le haut du triangle ouvert. Crantez la pointe.

3 Assemblez les autres triangles de la même manière, puis retournez tous les fanions sur l'endroit et repassez-les.

4 Pliez le biais en deux et piquez une extrémité sur 50 cm. Épinglez ensuite les fanions sur le biais, côte à côte et en prenant le haut des fanions en sandwich dans le biais. Piquez sur toute la longueur du biais.

5 Cousez des petits pompons (faits main ou achetés), des grelots ou tout autre petit objet mignon à la pointe des fanions.

Tapis d'éveil

– avant, c'était des chutes de tissu –

FOURNITURES

Chutes de tissu de 90 cm de longueur

70 x 90 cm d'ouate de rembourrage + des chutes

Chutes de ruban

1 bobine de fil

Yeux en Flex thermocollant

MATÉRIEL

Papier-calque

1 crayon à papier

1 feutre textile

1 baguette

1 boîte d'épingles

1 paire de ciseaux

1 machine à coudre

1 fer à repasser

PATRON

Voir page 78

1 Agrandissez le patron en vous reportant à la note page 67, décalquez- le et découpez les différentes pièces. Pour chaque petit élément - étoile et coquillage -, coupez deux fois la pièce dans du tissu et une fois dans l'ouate de rembourrage, en ajoutant autour des marges de couture de 1 cm.

2 Pour leur assemblage, superposez les deux pièces de chaque élément endroit contre endroit, et positionnez le rembourrage par-dessus.

3 Piquez tout le tour à 1 cm du bord, en laissant une ouverture. Crantez bien les angles et recoupez le tissu à 0,3 cm du bord. Retournez sur l'endroit, en vous aidant d'une baguette pour former proprement les angles. Fermez l'ouverture.

4 Pour les pieuvres, avant de fermer, glissez l'extrémité de petits morceaux de ruban dans l'ouverture pour les prendre dans la couture. Collez ensuite des yeux thermocollants au fer à repasser.

5 Pour réaliser le tapis, confectionnez deux rectangles de 70 x 90 cm en patchwork. Coupez dans les tissu des bandes de différentes largeurs et de 90 cm de longueur. Épinglez bord à bord une longueur de deux bandes superposées endroit contre endroit. Dessinez une forme de vaguelette, coupez les deux épaisseurs en suivant le tracé de la vague.

6 Épinglez ensuite bord à bord une longueur de deux bandes superposées endroit contre endroit, en glissant un élément de décoration (coquillage, étoile) entre les deux tissus. Piquez. Positionnez une autre bande par dessus les deux bandes déjà cousues et recommencez de la même façon.

7 Assemblez toutes les bandes deux par deux, puis assemblez-les entre elles de façon à obtenir deux patchworks de 70 x 90 cm. Cousez ensuite les pieuvres où vous le souhaitez.

8 Superposez les deux patchworks endroit contre endroit, et épinglez le rembourrage par-dessus. Piquez tout le tour à 1 cm du bord, en laissant une ouverture de 15 cm environ. Crantez les angles, retournez sur l'endroit et fermez l'ouverture.

Ballon veilleuse

– avant, c'était un ballon de baudruche –

FOURNITURES

10 feuilles de papier de soie

1 ballon de baudruche

1 pot de colle à papier peint

2 m de ruban

1 guirlande lumineuse

1 chute de carton

MATÉRIEL

1 feutre

1 paire de ciseaux

1 pistolet à colle

1 Gonflez le ballon de baudruche. Délimitez la moitié du ballon avec un feutre.

2 Coupez des bandelettes de papier de soie d'environ 2 cm sur 6 cm. Collez-les sur le ballon de façon à en recouvrir une moitié avec 4 épaisseurs de papier. Laissez sécher pendant 48 heures.

3 Percez délicatement le ballon puis recoupez les bords du papier mâché avec une paire de ciseaux pour qu'ils soient bien droits.

4 Reportez deux fois la forme de la base du ballon sur un morceau de carton et découpez. Dans l'une des formes, faites autant de trous qu'il y a de lampion sur la guirlande lumineuse. Insérez toutes les ampoules de la guirlande dans les trous

5 Collez le carton avec la guirlande sur la forme en papier mâché avec le pistolet à colle et cachez le tout avec le second morceau de carton.

6 Attachez un ruban en bas de la veilleuse.

CIRQUE
HAND-Lettering LEDGER

BRICOLAGE

Cirque pour doudous

– avant, c'était des boîtes et des chutes de tissu –

FOURNITURES

6 boîtes vides de lait ou de céréales pour bébé

1 feuille de papier cartonné rouge, bleu et blanc

1 tube de colle

Chute de tissu

1 bombe de peinture non toxique

1 pique à brochette en bois

1 morceau de cordonnet

MATÉRIEL

Papier-calque

1 crayon à papier

1 aiguille et 1 bobine de fil (facultatif)

1 paire de ciseaux

1 pistolet à colle

PATRON

Voir pages 72-73

1 Nettoyez les boîtes puis bombez-les.

2 Agrandissez le patron en vous reportant à la note page 67, décalquez les formes du chapiteau sur les papiers de couleur et découpez-le. Collez les papiers cartonnés de façon à former le chapiteau.

3 Découpez deux rectangles de 28 x 20 dans le tissu pour les rideaux, en utilisant un ourlet existant sur le tissu pour ne pas avoir à faire d'ourlet, sinon faites un ourlet en bas des rideaux.

4 Collez le haut des rideaux au dos du chapiteau au pistolet à colle.

5 Découpez une étoile et des ronds rouges. Collez-les sur le fanion et fixez le fanion à l'extrémité de la pique à brochette avec un point de colle. Collez l'autre extrémité de la pique au dos du chapiteau en carton.

6 Assemblez deux rangées de 3 boîtes l'une sur l'autre en collant les boîtes entre elles au pistolet à colle. Pour terminer, collez le bas du chapiteau sur le haut de le haut des boîtes. Nouez un petit morceau de cordonnet autour des rideaux pour former des embrasses.

Marionnettes à doigts

– avant, c'était des chutes de tissu –

FOURNITURES

Chutes de tissu

1 bobine de fil

MATÉRIEL

Papier-calque

1 crayon à papier

Feutres textiles
de différentes couleurs

1 boîte d'épingles

1 paire de ciseaux

1 machine à coudre

PATRON

Voir page 79

1 Décalquez les patrons et coupez les différentes pièces dans les tissus. Dessinez les détails avec les feutres textiles.

2 Épinglez le dos et le devant des oreilles, endroit contre endroit. Piquez tout le tour, puis crantez les oreilles et retournez-les sur l'endroit.

3 Épinglez ensuite le dos et le devant de chaque marionnette ensemble, endroit contre endroit et en prenant les oreilles en sandwich. Piquez tout le tour.

4 Vous pouvez faire un ourlet en bas pour des finitions nettes.

ASTUCE

Les oreilles risquent d'être délicates à piquer à la machine. Vous pouvez alors coudre les oreilles à la main, et le reste à la machine.

Coffre de rangement

– avant, c'était une caisse en bois –

FOURNITURES

I caisse de vin en bois

30 cm de lacet de cuir

6 billes en bois

I bombe de peinture non toxique jaune curry

I pot de peinture non toxique ocre et blanche

I marqueur pour peinture marron et noir

4 roulettes

MATÉRIEL

I feuille de papier-calque

I crayon à papier

I pinceau

I perceuse

I tube de colle forte ou des vis

I tournevis

1 Nettoyez la caisse et bombez l'extérieur avec la peinture jaune. Laissez sécher.

2 Tracez le motif sur le devant de la caisse avec un crayon à papier, en vous inspirant de la photo, puis peignez la tête du lion. Dessinez les détails des yeux, du museau et de la bouche avec des feutres marron et noir.

3 Marquez l'emplacement des poignées de chaque côté du coffre à jouets : centrées sur la largeur, à 3 cm du haut et avec un espacement de 5 cm entre les emplacements.

4 Faites des trous aux endroits indiqués. Passez un morceau de lacet de cuir de I5 cm dans un des trous et faites un nœud à son extrémité à l'intérieur de la caisse. Enfilez trois perles sur le lacet, passez-le dans le second trou de la poignée et faites un nœud. Installez une poignée de l'autre côté du coffre de la même manière

5 Collez ou vissez une roulette sous la caisse, à chaque coin.

COUTURE

Bavoir

– avant, c'était des chutes de tissu –

FOURNITURES

Chute de tissu

1 serviette éponge ou une chute

1,5 m de biais

1 bobine de fil

MATÉRIEL

Papier-calque

1 crayon à papier

1 boîte d'épingles

1 paire de ciseaux

1 machine à coudre

1 fer à repasser

PATRON

Voir page 69

1 Agrandissez le patron en vous reportant à la note page 67, décalquez-le et découpez-le. Avec ce même patron, coupez une pièce dans le tissu et une autre dans le tissu-éponge. Épinglez ensemble les deux pièces du bavoir envers contre envers. Faites une couture de bâti sur tout le tour à 0,5 cm du bord. Recoupez le tissu à 0,3 cm de la couture.

2 Épinglez un biais à cheval sur le bord autour du cou et piquez.

3 Posez ensuite un biais sur tout le tour du bavoir en laissant 30 cm de libres de chaque côté pour pouvoir le nouer. Vous pouvez ajouter une petite étiquette prise en sandwich dans le biais comme élément de décoration.

Bonnet de naissance

– avant, c'était un pull –

FOURNITURES

1 vieux pull bouloché

1 bobine de fil

MATÉRIEL

Papier-calque

1 crayon à papier

1 boîte d'épingles

1 paire de ciseaux

1 machine à coudre

PATRON

Voir page 69

1 Agrandissez le patron en vous reportant à la note page 67, décalquez-le et découpez-les différentes pièces. Épinglez-les sur le tissu et découpez-les. Pour ne pas avoir à faire d'ourlet, pensez à utiliser le bas du pull.

2 Superposez les oreilles endroit contre endroit et assemblez-les en laissant leur base ouverte. Crantez-les et retournez-les sur l'endroit.

3 Pliez les pièces principales en deux, endroit contre endroit, au niveau des pinces, et épinglez. Piquez les pinces.

4 Superposez les pièces principales endroit contre endroit en prenant les oreilles en sandwich. Faites une couture sur tout l'arrondi du bonnet. Retournez le bonnet sur l'endroit.

Patch

– avant, c'était des restes de fil –

FOURNITURES

Fils à broder

1 morceau de thermocollant

1 morceau de Soluflix

MATÉRIEL

1 feuille de papier-calque (facultatif)

1 aiguille à broder

1 tambour

1 paire de ciseaux

1 stylo à encre effaçable

1 stylo

1 fer à repasser

POINTS UTILISÉS

Point arrière

Passé plat

Point de nœud

PATRON

Voir page 74

1 Pour camoufler les taches des vêtements de bébé, la broderie sera votre meilleure alliée. Si le tissu est fin, il suffit de reporter le motif dessus par transparence, à l'aide d'une source lumineuse à l'arrière au besoin (contre une vitre par exemple ou une tablette lumineuse). Brodez le motif au passé plat et les détails point arrière et au point de nœud puis enlevez le tambour.

2 Sinon, utilisez du Solufix (intissé hydrololuble). Coupez un morceau de Soluflix un peu plus grand que le tambour et reportez le motif dessus par transparence ou décalquez-le. Enlevez la feuille de papier au dos du Soluflix, collez ce dernier sur le tissu à broder et tendez le tout sur le tambour. Une fois la broderie terminée, passez l'ouvrage sous l'eau pour enlever le Solufix.

3 Pour masquer des trous, la broderie est aussi une très bonne solution. Découpez un morceau de thermocollant un peu plus large que l'accroc, positionnez-le sur l'envers du tissu et repassez. Les fibres seront ainsi maintenues en place et le vêtement sera consolidé. Ensuite, reportez le motif sur le vêtement et brodez le !

Trousse de toilette

– avant, c'était une couverture –

FOURNITURES

1 couverture d'enfant

50 x 50 cm de tissu de doublure

50 x 50 cm de molleton

1 fermeture à glissière non séparable de 18 cm de longueur

1 m de biais

MATÉRIEL

1 boîte d'épingles ou des pinces à tissu

1 feutre textile

1 règle

1 paire de ciseaux

1 machine à coudre

Découpez les pièces suivantes :
Pièce A : 44 x 38 cm (1 dans le tissu principal/1 en molleton/ 1 en doublure)
Pièces B : 9 x 13 cm (2 dans le tissu principal/2 en molleton/2 en doublure)
Pièces C : 2 x 4 cm dans le tissu principal

1 Matelassez les pièces A et B. Posez leur molleton sur leur doublure, et placez les pièces par-dessus, endroit face à vous.

2 Tracez dessus des lignes de matelassage dans leur longueur, espacées de 3 cm. Maintenez les deux épaisseurs ensemble avec des épingles ou des pinces et piquez en suivant les tracés, avec une largeur de point de 3-3,5.

3 Repliez les pièces C comme un biais et cousez ces deux rectangles chacune des extrémités de la fermeture. Épinglez ensuite la fermeture sur une des largeurs de la pièce A, endroit contre endroit, et piquez. Cousez l'autre côté de la fermeture sur la seconde largeur, de façon à former un tube en tissu.

4 Épinglez les pièces B de chaque côté de la trousse, endroit contre endroit, en les centrant bien et en veillant à garder la fermeture à glissière ouverte. Piquez toutes les épaisseurs ensemble. Pour bien former les angles, laissez l'aiguille piquée dans l'ouvrage au niveau de l'angle, tournez le travail et reprenez la couture jusqu'à l'angle suivant.

5 Posez un biais à cheval sur toutes les coutures apparentes à l'intérieur de la trousse puis retournez le tout.

Coussin poire

– avant, c'était des tee-shirts –

FOURNITURES

Anciens tee-shirts

Flex thermocollant rose et noir

1 bobine de fil assorti

Ouate de rembourrage

Molleton

MATÉRIEL

Papier-calque

1 crayon à papier

1 boîte d'épingles

1 paire de ciseaux

1 machine à coudre

1 fer à repasser

PATRON

Voir page 78

1 Agrandissez le patron en vous reportant à la note page 67, décalquez-le et découpez les différentes pièces. Coupez une poire en double dans d'anciens tee-shirts, une tige en double et une feuille en double. Coupez également une feuille dans le molleton.

2 Superposez les deux feuilles en tissu, endroit contre endroit, posez le molleton par-dessus et épinglez. Piquez tout le tour, en laissant une ouverture à la base. Crantez et dégarnissez les coutures. Retournez sur l'endroit et fermez l'ouverture. Surpiquez en suivant la nervure centrale et les nervures latérales.

3 Superposez les deux pièces de la tige endroit contre endroit. Piquez le tour en laissant la base ouverte. Retournez sur l'endroit, en vous aidant d'une baguette ou d'une aiguille à tricoter au besoin. Fermez l'ouverture.

4 Découpez deux ronds et trois arcs de cercle dans le Flex selon le patron. Positionnez-les sur le devant de la poire et fixez-les au fer à repasser.

5 Épinglez les deux pièces du coussin endroit contre endroit en prenant la feuille et la tige en sandwich entre les deux épaisseurs de tissu, au sommet. Piquez tout le tour à 1 cm du bord, en laissant une ouverture de 10 cm environ à la base du coussin. Crantez, retournez sur l'endroit et rembourrez. Fermez l'ouverture à la main.

PLAINE DE LA SAÔNE ET DU

Petits pots

– avant, c'était des boîtes –

FOURNITURES

Boîtes de lait vides

Corde

Cannage

1 pot de peinture non toxique de la couleur de votre choix

MATÉRIEL

1 pinceau brosse

1 paire de ciseaux

1 pistolet à colle

1 Nettoyez les boîtes de lait puis peignez l'intérieur.

2 Découpez pour chaque boîte un rectangle de cannage de la hauteur de la boîte et de la longueur de son diamètre. N'hésitez pas à humidifier le cannage pour le travailler plus facilement.

3 Collez les morceaux de cannage sur les boîtes au pistolet à colle. Pour terminer, collez deux ou trois rangs de corde pour dissimuler les bords francs du cannage.

Lingettes

– avant, c'était des chutes de tissu –

FOURNITURES

Chutes de tissu

Chutes de tissu-éponge ou serviette de toilette

1 bobine de fil

MATÉRIEL

1 paire de ciseaux

1 machine à coudre

1 Coupez un rectangle de 16 x 12 cm dans le tissu et le tissu-éponge pour la petite lingette, de 19 x 16 cm pour la grande..

2 Épinglez-les endroit contre endroit et piquez tout le tour à 1 cm du bord, en laissant une ouverture. Crantez les angles, recoupez la marge de couture à 0,5 cm de la couture et retournez sur l'endroit. Fermez l'ouverture.

Éponge tawashi

– avant, c'était un tee-shirt –

FOURNITURES

1 vieux tee-shirt

1 bande de cuir de 12 cm de long et 2 cm de large (récupérée sur un sac usagé)

1 bouton-pression

MATÉRIEL

1 paire de ciseaux

1 paire d'aiguilles à tricoter n° 5

1 arrêt de mailles

1 grosse aiguille à laine

POINTS UTILISÉS

Maille endroit

Maille envers

Découpez le tee-shirt de façon à former une longue bande de 3 cm de largeur environ.

Montez 15 mailles.
Rang 1 : tricotez 14 mailles endroit, 1 augmentation, 1 maille endroit.
Rang 2 : tricotez 16 mailles endroit.
Rang 3 : tricotez 2 mailles ensemble, 13 mailles endroit, 1 augmentation, 1 maille endroit.
Rang 4 : tricotez 16 mailles endroit.
Rang 5 : tricotez 2 mailles ensemble à l'endroit, 14 mailles endroit.
Rang 6 : tricotez 15 mailles endroit.
Rang 7 : tricotez 13 mailles endroit, 2 mailles ensemble à l'endroit.
Rang 8 : tricotez 14 mailles endroit.
Rang 9 : tricotez 2 mailles ensemble à l'endroit, 4 mailles endroit , 2 mailles ensemble à l'endroit. Mettez les 6 mailles suivantes en attente sur un arrêt de mailles.

Continuez sur la partie gauche de l'ouvrage.
Rang 10 : tricotez 6 mailles endroit.
Rang 11 : tricotez 2 mailles ensemble à l'endroit, 2 mailles endroit , 2 mailles ensemble à l'endroit.
Rang 12 : tricotez 4 mailles endroit.
Rang 13 : rabattez les mailles et coupez le fil.
Reprenez les 6 mailles en attente de la partie droite.
Rang 10 : tricotez 6 mailles endroit.
Rang 11 : tricotez 2 mailles ensemble à l'endroit, 2 mailles endroit , 2 mailles ensemble à l'endroit.
Rang 12 : tricotez 4 mailles endroit.
Rang 13 : rabattez les mailles et coupez le fil.

Rentrez les fils.

Passez la bande de cuir dans une maille à l'extrémité du nuage, pliez-la en deux et posez un bouton-pression pour la refermer.

Étagère rêverie

– avant, c'était une caisse en bois –

FOURNITURES

1 caisse en bois

1 pot de peinture non toxique

1 chute de balsa

2 systèmes d'accroche de tableaux

Petits clous

MATÉRIEL

Papier-calque

1 crayon

1 pinceau-brosse

1 cutter

1 pistolet à colle

1 marteau

PATRON

Voir page 79

1 Agrandissez le patron en vous reportant à la note page 67, décalquez-le. Reportez les motifs sur le balsa et découpez-les au cutter.

2 Nettoyez la caisse et peignez-la entièrement, intérieur et extérieur. Collez les différents éléments sur la caisse au pistolet à colle.

3 Clouez les accroches au dos de la boîte.

Le livre des bruits
Le livre des j'aime
Mes chansons de France

Bonjour
Beauté

Sac à tout

– avant, c'était un drap de bain –

FOURNITURES

I vieille serviette de bain en nid-d'abeille pour l'extérieur

I vieux drap pour la doublure

Molleton

3,6 m de sergé en coton de 3 cm de large

2 anneaux en demi-lune

2 anneaux en demi-lune avec mousquetons

MATÉRIEL

I stylo à encre effaçable ou I craie tailleur

I boîte d'épingles ou des pinces à tissu

I paire de ciseaux

I règle

I machine à coudre

Découpez les pièces suivantes :
Devant et dos : 40 x 50 cm (2 dans la doublure, 2 dans le tissu pour l'extérieur, 2 dans le molleton)
Côtés : 19 x 50 cm (2 dans la doublure, 2 dans le tissu pour l'extérieur, 2 dans le molleton)
Fond : 40 x 19 cm (I dans la doublure, I dans le tissu pour l'extérieur, I dans le molleton)
Poche : 23 x 23 cm (I dans la doublure, I dans le tissu pour l'extérieur, I dans le molleton)

1 Tracez des lignes parallèles sur les doublures dans la longueur, espacées de 3 cm. Épinglez les doublures et leurs molletons et piquez sur les traits pour matelasser les pièces.

2 Pour le dos, le devant et la poche, épinglez ensemble les doublures matelassées et le tissu pour l'extérieur, endroit contre endroit. Piquez le haut. Procédez de la même manière pour les côtés, mais en prenant en sandwich, au milieu, un ruban sergé de 8 cm de long plié en deux sur lequel un anneau est passé. Retournez les pièces sur l'endroit.

3 Épinglez la poche sur le devant, bien centrée et tissus bord à bord en bas. Faites une piqûre en bas à 0,5 cm du bord. Épinglez un morceau de ruban sergé de 1,20 m sur les côtés de la poche de façon qu'il forme une anse. Piquez les deux côtés du ruban le long de la poche, de chaque côté. Épinglez un morceau de ruban sergé sur le dos du sac de la même manière et piquez-le.

4 Épinglez les côtés et le dos, endroit contre endroit, et piquez sur toute la hauteur à 0,5 cm du bord. Recoupez les marges de couture à 0,2 cm des coutures, et épinglez les pièces envers contre envers, de façon à enfermer les coutures. Piquez sur toute la hauteur, le plus près possible du bord. Assemblez les côtés et le devant de la même manière. Épinglez le fond du sac et le corps du sac endroit contre endroit et piquez à 0,5 cm du bord.

5 Pour porter le sac en bandoulière ou le fixer sur une poussette, glissez un anneau avec mousqueton sur un morceau de ruban sergé de 90 cm, à chaque extrémité. Rabattez le ruban sur 6 cm de façon à enfermer les anneaux et faites plusieurs piqûres solides.

ASTUCE

Vous pouvez également coudre une petite étiquette personnalisée sur votre sac, centrée au-dessus de la poche.

LINIMENT
GEL DOUCHE

Produit lavant

– avant, c'était des produits d'entretien –

INGRÉDIENT

250 g d'eau de chaux

250 g d'huile d'olive

12 g de cire d'abeille (en paillettes ou un bloc)

MATÉRIEL

1 flacon pompe

1 balance

1 récipient

1 casserole

1 spatule ou 1 cuillère

1 fouet ou 1 mixeur plongeant

1 Mettez la cire d'abeille dans un récipient, avec l'huile d'olive, et faites chauffer au bain-marie dans une casserole en remuant avec une patule ou une cuillère.

2 Quand la cire a entièrement fondu, versez l'eau de chaux progressivement et mixez avec un fouet ou un mixeur plongeant. Mélangez bien jusqu'à ce que le mélange blanchisse, s'homogénéise et s'épaississe.

3 Versez le liniment dans le flacon pompe lorsque l'émulsion est assez épaisse. Il peut se conserver pendant trois mois.

Anneaux de dentition

– avant, c'était des chutes de tissu –

FOURNITURES

Chutes de tissu

Anneaux en bois non traité

Pression

Molleton

1 bobine de fil

MATÉRIEL

Papier-calque

1 stylo textile

1 baguette en bois

1 machine à coudre

PATRON

Voir page 77

1 Pour réaliser un anneau de dentition, décalquez les patrons des feuilles et de la carotte ou du citron et reportez-les sur les chutes de tissu et l'ouate de rembourrage. Coupez deux pièces dans le tissu et une dans le molleton pour chaque élément.

2 Pour assembler les feuilles, superposez les pièces en tissu endroit contre endroit et épinglez le molleton par-dessus. Piquez tout le tour en laissant une ouverture. Crantez la marge de couture et recoupez-la à 0,3 cm de la couture. Retournez sur l'endroit en faisant ressortir les angles avec une baguette. Fermez l'ouverture.

3 Pour l'attache, coupez un rectangle de tissu de 8 x 3,5 cm. Pliez-le en deux dans la ongueur, endroit contre endroit, et piquez une largeur et la longueur près du bord. Crantez la marge de couture et retournez sur l'endroit.

4 Pour la carotte et les citrons, épinglez les pinces de chaque pièce en pliant le tissu endroit contre endroit et piquez.

5 Superposez ensuite les pièces en tissu endroit contre endroit et épinglez le molleton par-dessus, en glissant un grelot entre le tissu et le molleton. Piquez tout le tour en laissant une ouverture en haut. Crantez la marge de couture et recoupez-la à 0,3 cm de la couture. Retournez sur l'endroit en faisant ressortir les angles avec une baguette.

6 Faites un repli de 1 cm en haut de chaque côté de l'ouverture. Glissez-y le bas des feuilles et les extrémités du lien, préalablement passé dans un anneau. Piquez à 0,3 cm du bord en prenant toutes les épaisseurs dans la couture.

Gigoteuse

– avant, c'était des chutes de tissu –

FOURNITURES

Chutes de tissu ou anciens draps

Molleton

1 bobine de fil assorti

1 fermeture à glissière inséparable de 60 cm

2 gros boutons

MATÉRIEL

Papier-calque

1 crayon à papier

1 boîte d'épingles

1 aiguille

1 paire de ciseaux

1 machine à coudre

1 fer à repasser

PATRON

Voir pages 70-71

1 Agrandissez le patron en vous reportant à la note page 67, décalquez-le et découpez-le. Coupez un devant dans le tissu pour l'extérieur, dans la doublure et dans le molleton. Faites la même chose pour le dos. Coupez ensuite la propreté de la fermeture à glissière dans le tissu pour l'extérieur et dans la doublure. N'hésitez pas à faire un peu d'assemblage patchwork pour utiliser vos plus petites chutes de tissu.

2 Épinglez le molleton sur l'envers du tissu pour l'extérieur du devant. Piquez tout le tour pour maintenir les deux pièces ensemble. Assemblez le tissu pour l'extérieur du dos et son molleton de la même manière.

3 Épinglez le tissu pour l'extérieur de la propreté de la fermeture à glissière et sa doublure, endroit contre endroit. Piquez le long de l'arrondi, crantez et retournez sur l'endroit. Épinglez le bas de la propreté sur le devant, endroit contre endroit et à 8 cm du dessous de bras. Le haut de la propreté dépasse en direction du bras. Épinglez ensuite le haut du zip à 1 cm du dessous du bras, sur le devant et la propreté. Repliez le reste de la propreté par-dessus la fermeture à glissière de façon à la prendre en sandwich sur 3 cm environ. Épinglez le reste du ruban de la fermeture à glissière sur le devant, endroit contre endroit. Piquez à 1 cm du bord. Épinglez la doublure sur le devant, endroit contre endroit, et piquez le long du ruban déjà cousu de la fermeture à glissière.

4 Positionnez ensuite le tissu pour l'extérieur du dos sur le second ruban du zip, endroit contre endroit et bord à bord, le cran du zip à 1 cm du dessous du bras. Épinglez la doublure dos par-dessus, endroit contre endroit et de la même manière. Piquez le long de la fermeture à glissière.

5 Épinglez l'extérieur et la doublure devant endroit contre endroit. Faites la même chose pour le dos. PIquez le haut du dos et le haut du devant à 1 cm du bord. Crantez les marges de couture. Retournez le dos et le devant sur l'endroit.

6 Retournez la gigoteuse sur l'envers. Épinglez ensemble le tissu pour l'extérieur du dos et le tissu pour l'extérieur du devant, endroit contre endroit. Épinglez les doublures ensemble de la même manière. Piquez à 1 cm du bord, en laissant une ouverture de 15 cm environ dans le bas de la doublure. Retournez la gigoteuse sur l'endroit par l'ouverture de la doublure puis fermez-la à la main.

7 Faites une boutonnière au centre de chaque bretelle du dos, à 2 cm du bas. Cousez les boutons sur les bretelles du devant.

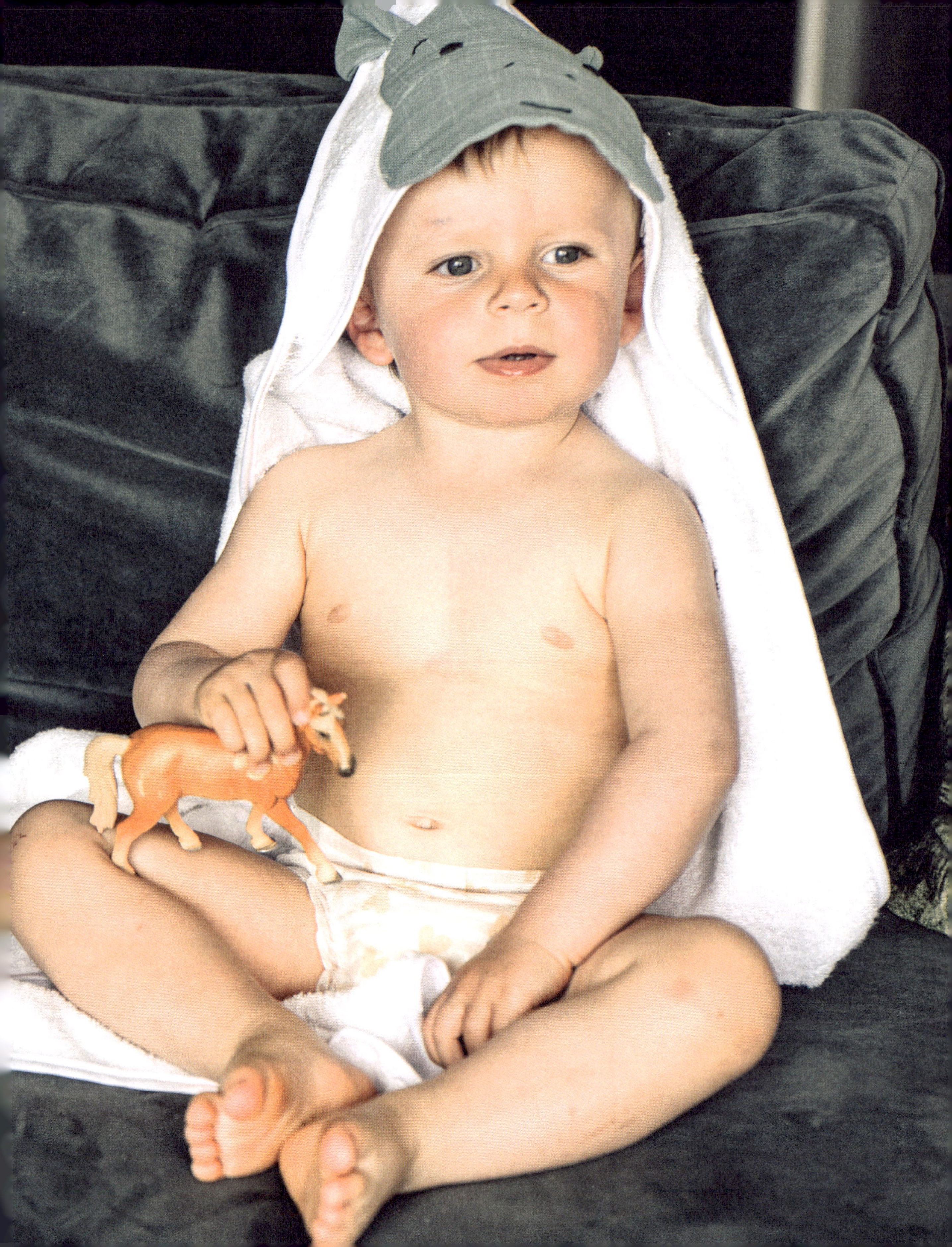

COUTURE

Cape de bain

– avant, c'était un drap de bain –

FOURNITURES

1 drap de bain en éponge

Chutes de tissu

1 bobine de fil assorti

1 échevette de coton à broder gris

4,5 m de biais

MATÉRIEL

Papier-calque

1 crayon à papier

1 feutre textile

1 boîte d'épingles

1 aiguille à broder

1 paire de ciseaux

1 règle

1 bol

1 machine à coudre

1 fer à repasser

POINTS UTILISÉS

Passé plat

Point arrière

PATRON

Voir page 74

1 Coupez un carré de 1 m de côté et un triangle isocèle de 30 cm de côté et 42,5 cm de base dans le tissu-éponge. Tracez des arrondis à chaque angle du carré et en haut du triangle avec un bol et découpez-les.

2 Agrandissez le patron de l'hippopotame, en vous reportant à la note page 67, décalquez-le et découpez les pièces dans les chutes de tissu. Indiquez le placement des traits du visage avec un feutre à encre effaçable. Brodez les yeux, les sourcils et les narines au passé plat, la bouche au point arrière. Superposez le haut et le bas du devant de la tête , endroit contre endroit, et assemblez-les. Assemblez le dos de la tête de la même manière. Superposez les deux carrés de xx x xx cm pour une oreille, endroit contre endroit, et piquez à 0,5 cm
du bord, en laissant la base de l'oreille ouverte. Crantez la marge de couture et retournez sur l'endroit. Réalisez la seconde oreille de la même manière. Épinglez les pinces à la base des oreilles en veillant bien à les faire en symétrie, et piquez à 0,5 cm du bord.

3 Superposez le dos et le devant de la tête, endroit contre endroit, en prenant les oreilles en sandwich, en haut, en veillant à ce qu'elles soient bien orientées. Piquez le tour à 1 cm du bord, en laissant une ouverture. Crantez la marge de couture et retournez sur l'endroit. Fermez l'ouverture et repassez.

4 Piquez un biais sur la base du triangle en éponge. Épinglez dessus la tête de l'hippopotame, centrée et bord à bord avec le biais. Piquez tout le tour de la tête à 0,2 cm du bord. Épinglez un biais autour du carré en éponge, sur l'envers, en faisant 2 ou 3 petits crans aux ciseaux au niveau des arrondis pour que le biais épouse bien leur forme. Piquez, épinglez l'autre côté du biais sur l'endroit du tissu-éponge et piquez. Épinglez la capuche à un coin du carré et piquez.

Doudou lion

– avant, c'était des chutes de tissu et de ruban –

FOURNITURES

Chutes de tissu

Chutes de ruban

Rembourrage

1 bobine de fil assorti

Fil à broder

MATÉRIEL

1 crayon à papier

1 boîte d'épingles

1 aiguille à broder

1 paire de ciseaux

1 machine à coudre

POINTS UTILISÉS

Passé plat

Point de tige

1 Découpez un morceau de tissu de 30 x 30 cm pour le corps et 2 cercles de 8 cm pour la tête. Tracez deux pinces de 2 cm de long et 1 cm de large sur le cercle.

2 Épinglez les pinces de la tête endroit contre endroit, et piquez. Coupez une trentaine de morceaux de ruban de 6 cm de longueur environ.

3 Épinglez ensemble le dos et le devant de la tête, endroit contre endroit, en prenant en sandwich les morceaux de ruban disposés autour, sauf au niveau du cou. Piquez à 0,5 cm du bord, en laissant une ouverture au niveau du cou. Crantez, retournez sur l'endroit et rembourrez. Brodez les yeux et le museau au passé plat, la bouche au point de tige.

4 Faites un ourlet mouchoir sur tout le tour. Glissez le milieu de ce carré dans l'ouverture de la tête et faites une piqûre solide pour fermer l'ouverture et assembler la tête et le carré de tissu.

Boîte à musique

– avant, c'était des tee-shirts –

FOURNITURES

Chutes de tissu
ou anciens tee-shirts

Rembourrage

1 mécanisme de boîte à musique

MATÉRIEL

Papier-calque

1 crayon à papier

1 aiguille

1 paire de ciseaux

1 machine à coudre

1 fer à repasser

PATRON

Voir page 76

1 Agrandissez le patron en vous reportant à la note page 67, décalquez-le et découpez les pièces. Coupez toutes les pièces en double dans les chutes de tissu. Épinglez ensemble la pièce centrale du devant de l'arc-en-ciel et la pièce suivante, endroit contre endroit. Piquez et crantez la marge de couture. Repassez. Assemblez les deux arcs suivants de la même manière pour former le devant de l'arc-en-ciel. Confectionnez le dos de la même manière.

2 Coupez trois lanières de 20 cm de long et 2 cm de large dans les chutes de tissu ou les anciens tee-shirts. Tressez-les pour faire une natte.

3 Épinglez le dos et le devant de l'arc-en-ciel endroit contre endroit, en prenant la natte en sandwich en haut, au milieu. Piquez tout le tour, en laissant une ouverture de 10 cm environ en bas, au milieu. Crantez la marge de couture et retournez sur l'endroit. Fixez le mécanisme de la boîte à musique sur l'extrémité de la natte prise à l'intérieur de l'arc-en-ciel et faites sortir sa tirette par l'ouverture. Rembourrez bien l'arc-en-ciel, en procédant petit à petit. Fermez l'ouverture à la main.

Sac à dos

– avant, c'était un tote bag –

FOURNITURES

1 tote bag

Chutes de tissu foncé et clair

Chutes de fil à tricoter

2,2 m de corde en coton

2 œillets de 2 cm de Ø

MATÉRIEL

Papier-calque

1 stylo textile

1 baguette en bois

1 boîte d'épingles

1 découd-vite

1 pince à œillets

1 paire de ciseaux

1 machine à coudre

PATRON

Voir page 68

1 Placez le tote bag face à vous et tracez un trait parallèle à sa base, à 30 cm de hauteur (adaptez la hauteur en fonction du motif présent sur le tote bag). Coupez en suivant ce tracé.

2 Décalquez l'oreille et reportez-la deux fois sur le tissu pour l'extérieur des oreilles et deux fois sur le tissu pour l'intérieur. Coupez les pièces et superposez l'intérieur et l'extérieur des oreilles, endroit contre endroit. Piquez tout le tour à 1 cm du bord en laissant la base des oreilles ouverte. Crantez la marge de couture, recoupez-la à 0,3 cm de la couture et retournez les oreilles sur l'endroit, en vous aidant d'une baguette pour faire ressortir les pointes. Épinglez la base des oreilles sur le haut du tote bag, espacées de 8 cm et centrées.

3 Découpez dans le tissu pour l'extérieur des oreilles deux bandes de 16 cm de hauteur et de la largeur du tote bag + 2 cm. Épinglez-les endroit contre endroit et piquez les côtés à 1 cm du bord, en laissant une ouverture de 4 cm à 5 cm du haut de chaque côté.

4 Épinglez le tout en haut du tote bag, endroit contre endroit, de façon à prendre la base des oreilles en sandwich. Piquez tout le tour à 1 cm du bord.

5 Faites un rentré en haut de 1 cm puis épinglez un second rentré de 4 cm de hauteur. Faites deux piqûres sur tout le tour, en bas du rentré et à 0,8 cm du haut du sac pour former une coulisse.

6 Posez deux œillets en bas du sac, à 2 cm du bord à chaque angle.

7 Coupez la corde en deux. Pliez un morceau de corde en deux, passez la boucle dans un œillet, puis passez les extrémités de la corde dans la boucle et tirez pour attacher la corde sur le sac. Passez un des morceaux de la corde dans la coulisse de devant, avec une épingle de nourrice, l'autre morceau dans la coulisse du dos, et faites un nœud pour les attacher ensemble.

8 Faites la même chose de l'autre côté avec le second morceau de corde.

9 Confectionnez un pompon avec des chutes de fil à tricoter. Cousez ce pompon à 5 cm du bas du sac à dos, centré.

CYRILLUS

Mobile

– avant, c'était des chutes de tissu –

FOURNITURES

Chutes de tissu blanc, rose et pailleté

Rembourrage

6 petits pompons

Fil à broder gris foncé et blanc

1 support de mobile

MATÉRIEL

Papier-calque

1 crayon à papier

1 feutre textile

1 paire de ciseaux

1 aiguille

1 aiguille à broder

1 machine à coudre

POINTS UTILISÉS

Point arrière

Point de nœud

PATRON

Voir pages 74 et 77

1 Agrandissez le patron en vous reportant à la note page 67, décalquez-le et découpez les différentes pièces. Coupez les pièces en double dans les chutes de tissu et découpez-les. Épinglez ensemble les deux côtés de chaque oiseau, endroit contre endroit, et piquez tout le tour à 0,5 cm du bord, en laissant une ouverture de 3 cm en haut. Crantez les marges de couture et retournez sur l'endroit. Rembourrez les oiseaux et fermez les ouvertures à la main. Brodez les ailes des oiseaux au point arrière. Cousez-les à la main sur le corps des oiseaux et brodez un point de nœud pour les yeux avec du fil à broder gris foncé.

2 Épinglez les deux pièces de la lune endroit contre endroit. Piquez tout le tour à 0,5 cm du bord, en laissant une ouverture de 5 cm. Crantez et retournez sur l'endroit, en vous aidant éventuellement d'une baguette pour bien faire ressortir les pointes. Rembourrez-la bien et fermez l'ouverture à la main. Assemblez les étoiles de la même manière, mais en mettant très peu de rembourrage.

3 Accrochez les différents éléments aux extrémités d'aiguillées de fil à broder blanc, passez-les dans des pompons et fixez-les au support de mobile.

ASTUCE

À la place d'un support de mobile, vous pouvez utiliser un cercle à broder.

MONTER LA TOILE

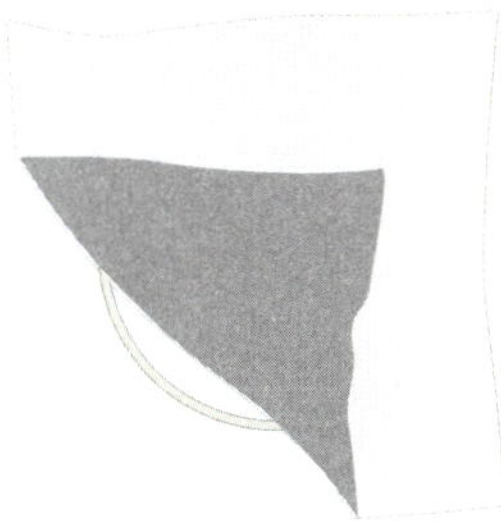

1. Dévissez le tambour. Placez la toile sur le cercle intérieur en la centrant.

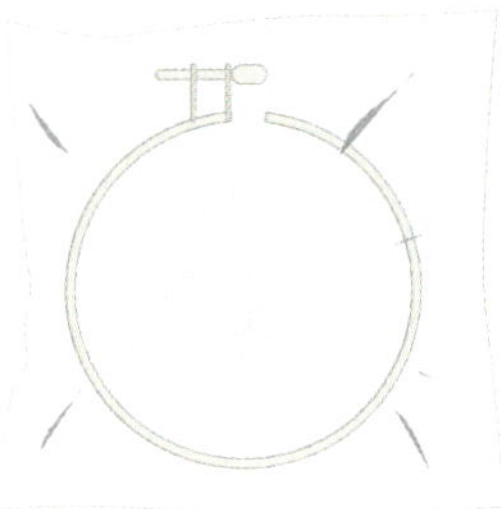

2. Enfoncez le cercle extérieur et commencez à visser la molette.

3. Vissez complètement la mollette en tendant bien la toile.

REPORTER LE MOTIF

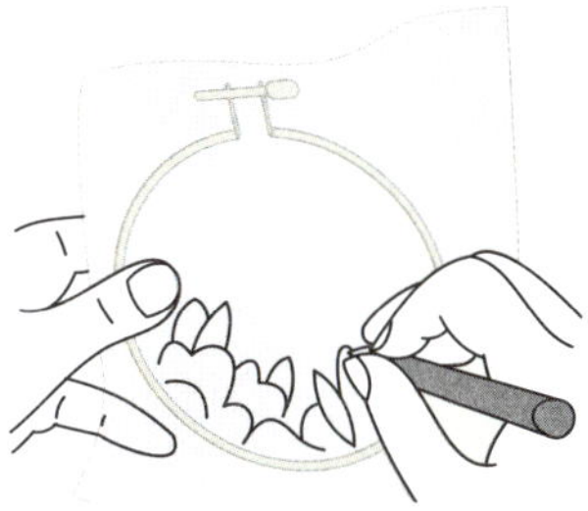

Décalquez le motif et placez-le à l'intérieur du tambour, le dessin contre la toile. Orientez le tambour vers une source de lumière, par exemple contre une vitre, et tracez le motif sur la toile avec un feutre spécial textile ou un crayon à papier.

BRODER AU POINT PLAT

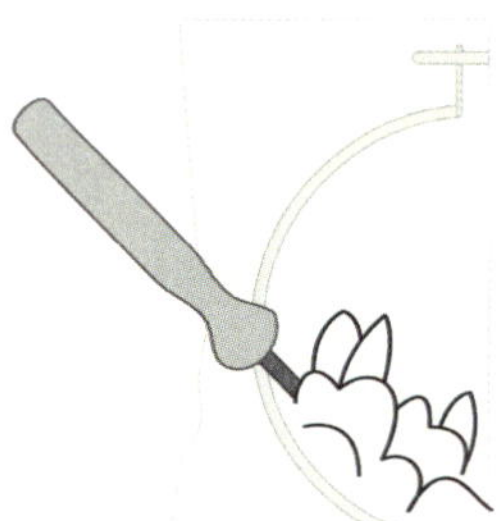

1. Enfoncez l'aiguille dans la toile jusqu'à la butée et ressortez la pointe de l'aiguille au ras de la toile. Faites des petits points réguliers de 3 mm environ en suivant le tracé.

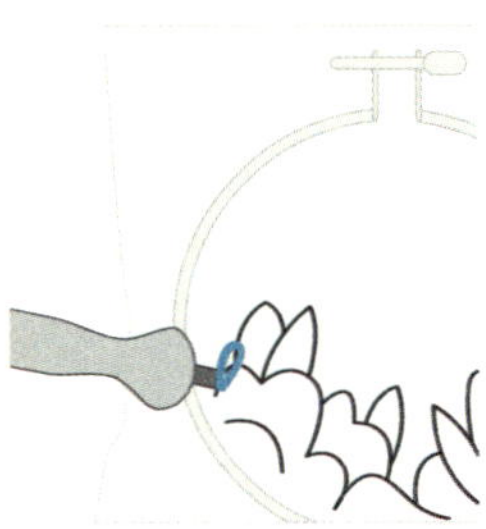

2. Quand le tour du motif est fini, remplissez-le en faisant des rangs de points au plus près des rangs précédents, en quinconce, et en travaillant de l'extérieur vers l'intérieur.

FAIRE DES BOUCLETTES

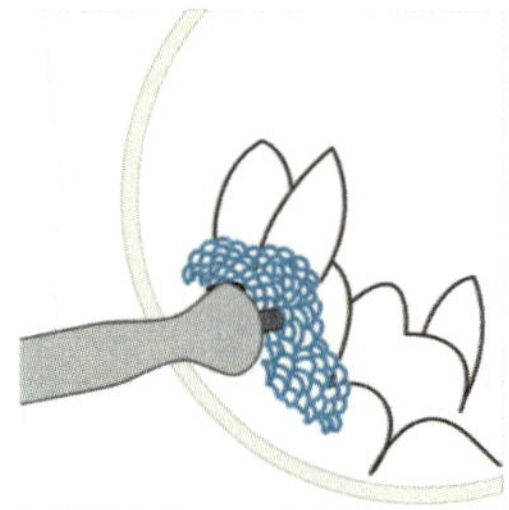

1. Remplissez le motif au point plat sur l'envers en commençant au plus près du tracé. Retournez régulièrement le tambour pour vérifier que vous brodez des bouclettes bien régulières.

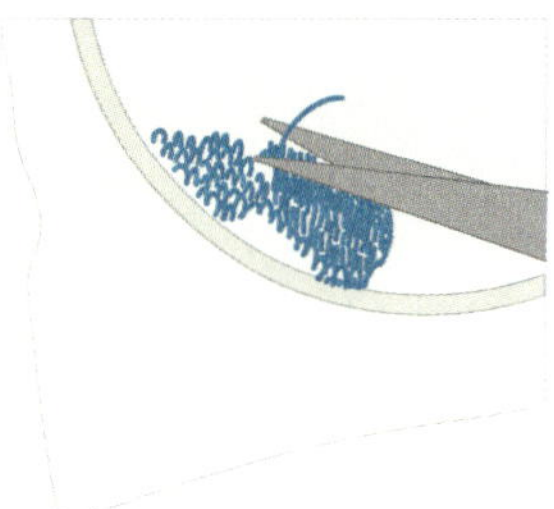

2. Quand le motif est entièrement rempli, retournez le tambour et coupez le fil sur l'endroit de l'ouvrage.

POINTS DE **BRODERIE**

POINT ARRIÈRE

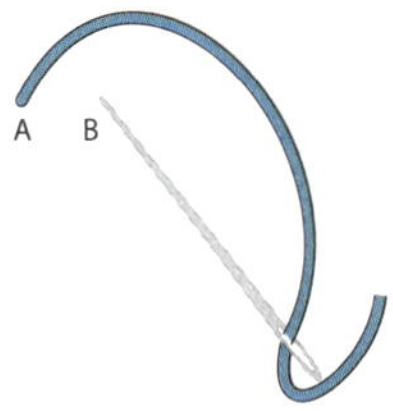

1. Sortez l'aiguille en A, sur la droite du tracé, et repiquez à quelques millimètres vers la droite en B, sur le tracé, de manière à réaliser un point horizontal.

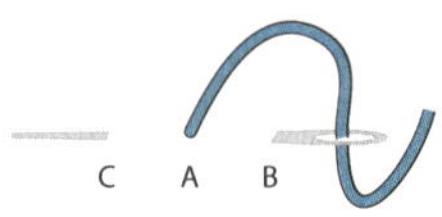

2. Sortez la pointe de l'aiguille vers la gauche sur le tracé, en C, à quelques millimètres du point A. Tirez souplement sur l'aiguillée.

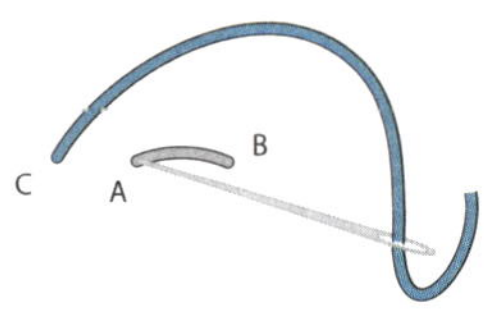

3. Réalisez un point arrière en repiquant en A.

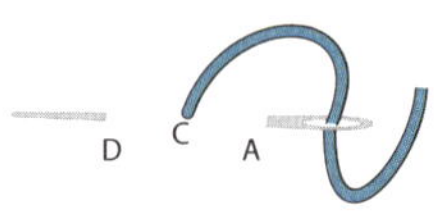

4. Ressortez la pointe de l'aiguille en D, à quelques millimètres vers la gauche sur le tracé, et tirez souplement sur l'aiguillée. Répétez les étapes 3 et 4 pour broder les points suivants.

POINT DE TIGE

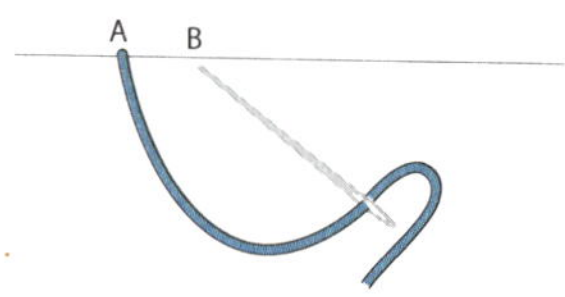

1. Le point de tige se réalise horizontalement de la gauche vers la droite. Sortez l'aiguille en A sur le tracé, piquez à quelques millimètres vers la droite en B, sur le tracé.

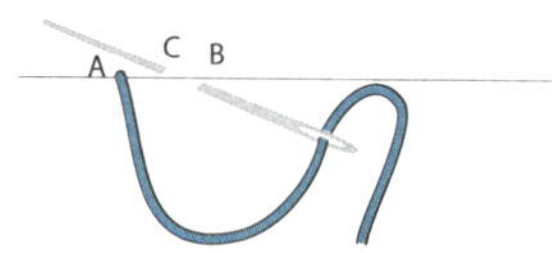

2. Sortez la pointe de l'aiguille en C en revenant en arrière, à mi-distance entre A et B. Orientez le fil vers le bas et tirez sur l'aiguillée.

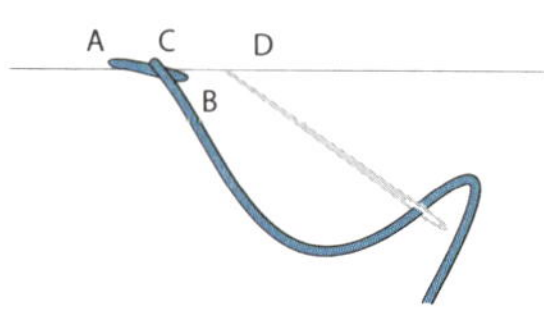

3. Pour réaliser le point suivant, piquez en D, sur le tracé.

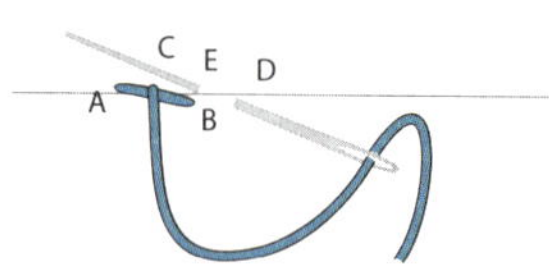

4. Sortez la pointe de l'aiguille en E en revenant en arrière, à mi-distance entre C et D.

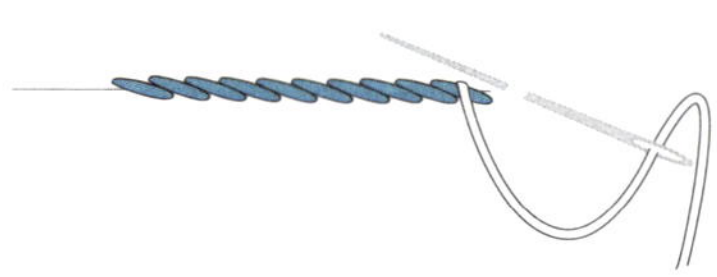

5. Répétez toujours les étapes 3 et 4.

POINT DE NŒUD

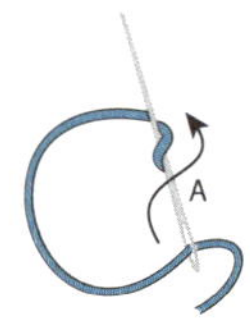

1. Sortez le fil en A. Formez une boucle en enroulant le fil dans le sens inverse des aiguilles d'une montre autour de l'aiguille.

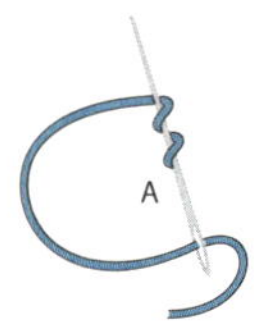

2. Enroulez une seconde fois le fil autour de l'aiguille. Piquez en B, juste à côté de A.

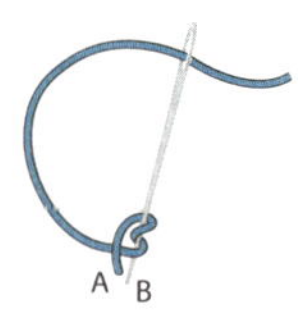

3. Tirez sur le fil de l'aiguillée de manière à resserrer la boucle sur l'aiguille, contre le tissu.

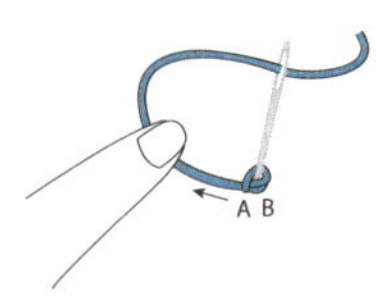

4. Poussez l'aiguille vers le dos de la toile et tirez doucement sur l'aiguillée.

POINTS DE **BRODERIE**

PASSÉ PLAT

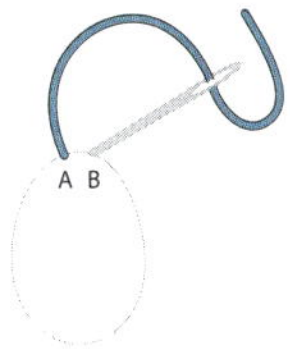

1. Sortez le fil en A et piquez en B, situé quelques millimètres à droite du point A.

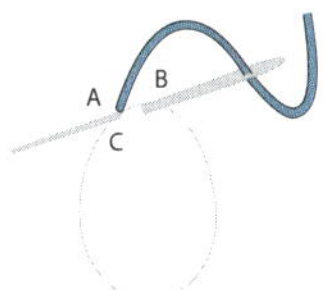

2. Ressortez l'aiguille en C, sur le trac et juste en dessous du point A. Tirez sur l'aiguillée pour former le premier point horizontal.

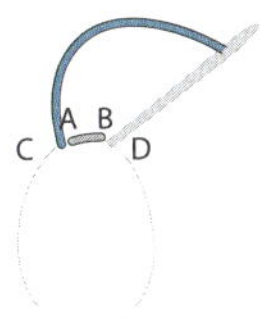

3. Pour terminer et bloquer le point, Repiquez en D, sur le tracé et sous le point B.

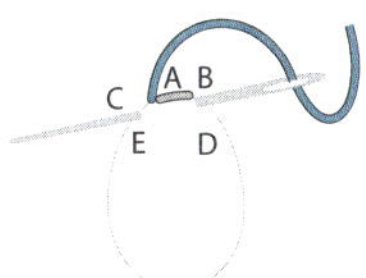

4. Ressortez l'aiguille en E, sur le trac . Tirez sur l'aiguillée pour former un point parallèle au premier.

5. Répétez toujours les étapes 3 et 4 pour remplir complètement la forme.

POINTS DE **TRICOT**

MAILLE ENDROIT

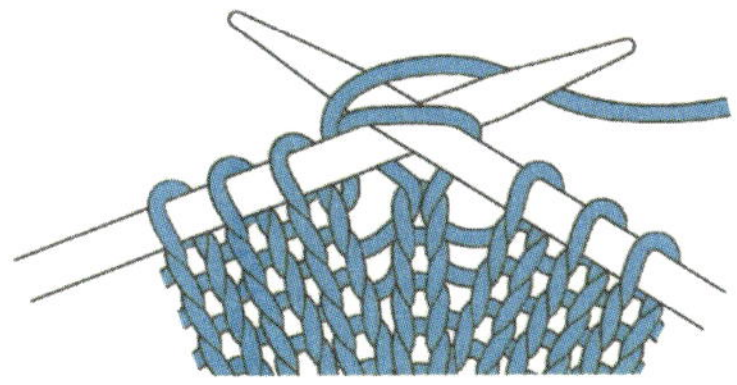

1. Piquez l'aiguille droite sous le brin avant de la Ire maille de gauche à droite. Faites passer le fil par-dessous puis par-dessus la pointe.

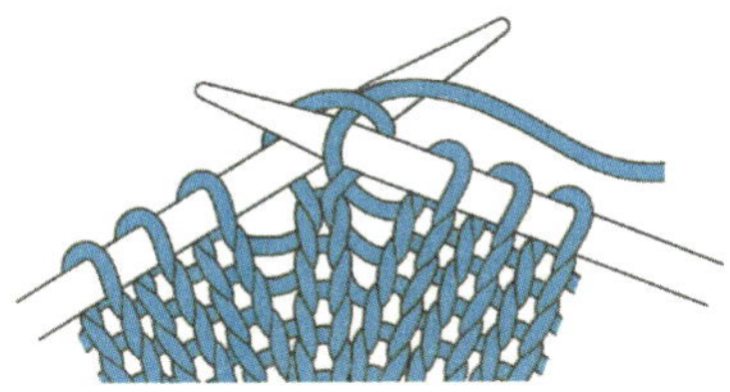

2. Ramenez la pointe en tirant le fil à travers la maille de départ. Poussez la pointe de l'aiguille gauche et faites glisser la nouvelle maille sur l'aiguille droite. Répétez jusqu'à la fin du rang.

MAILLE ENVERS

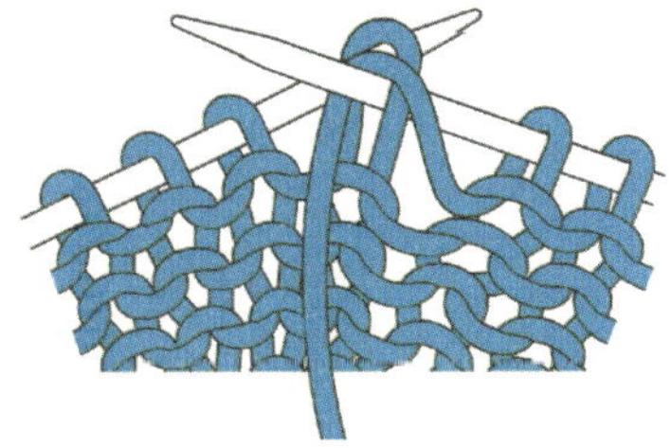

1. Piquez avec l'aiguille sous le brin avant de la Ire maille. Faites passer le fil par-dessus puis par-dessous la pointe.

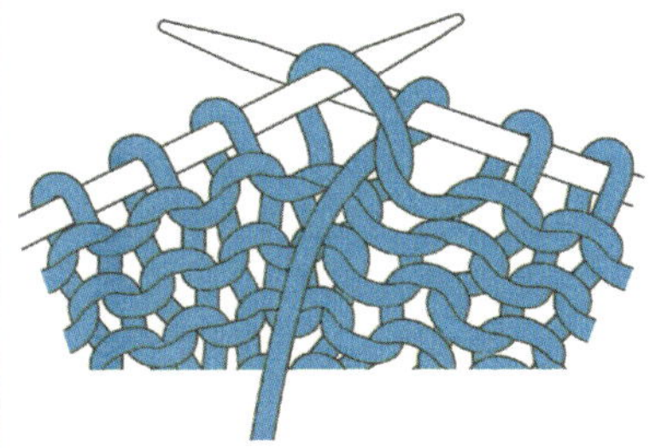

2. Ramenez la pointe en tirant le fil à travers la maille de départ. Poussez la pointe de l'aiguille gauche et faites glisser la nouvelle maille sur l'aiguille droite. Répétez jusqu'à la fin du rang.

PATRONS

5 CM

Pour calculer le taux d'agrandissement des patrons, il faut que la ligne rouge équivale à 5 cm. Mesurez-la. Si, par exemple, elle fait 1,3 cm, il faut faire le calcul suivant :

5 : 1,3 = 3,84. Le taux d'agrandissement doit être de 384 %.

Si vous avez une photocopieuse traditionnelle, agrandissez à 200 % et faites le calcul suivant :

384 : 200 = 1,92

Le taux d'agrandissement doit être de 192 %.

PATRONS

TROPHÉE LION
voir p. 17

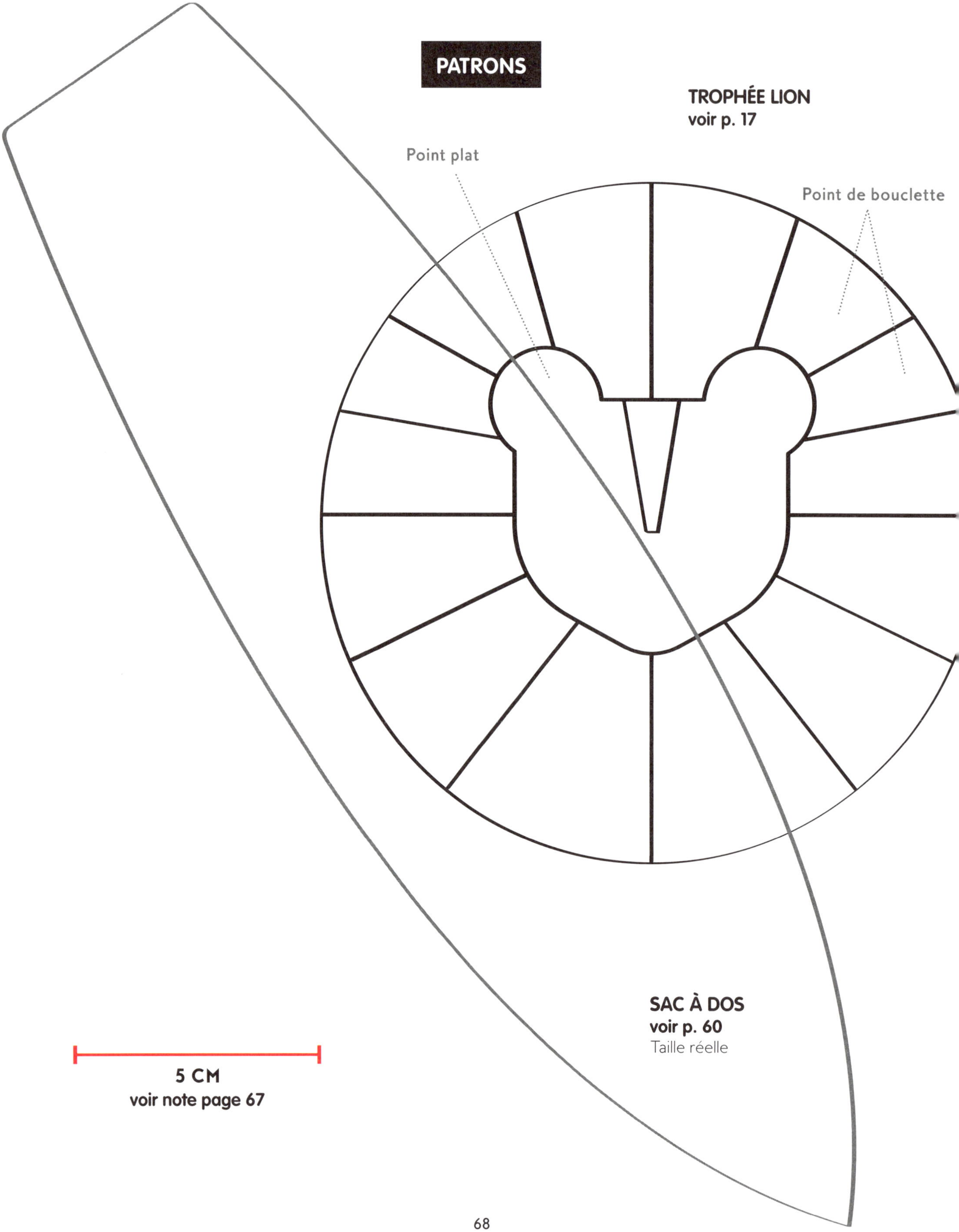

SAC À DOS
voir p. 60
Taille réelle

5 CM
voir note page 67

PATRONS

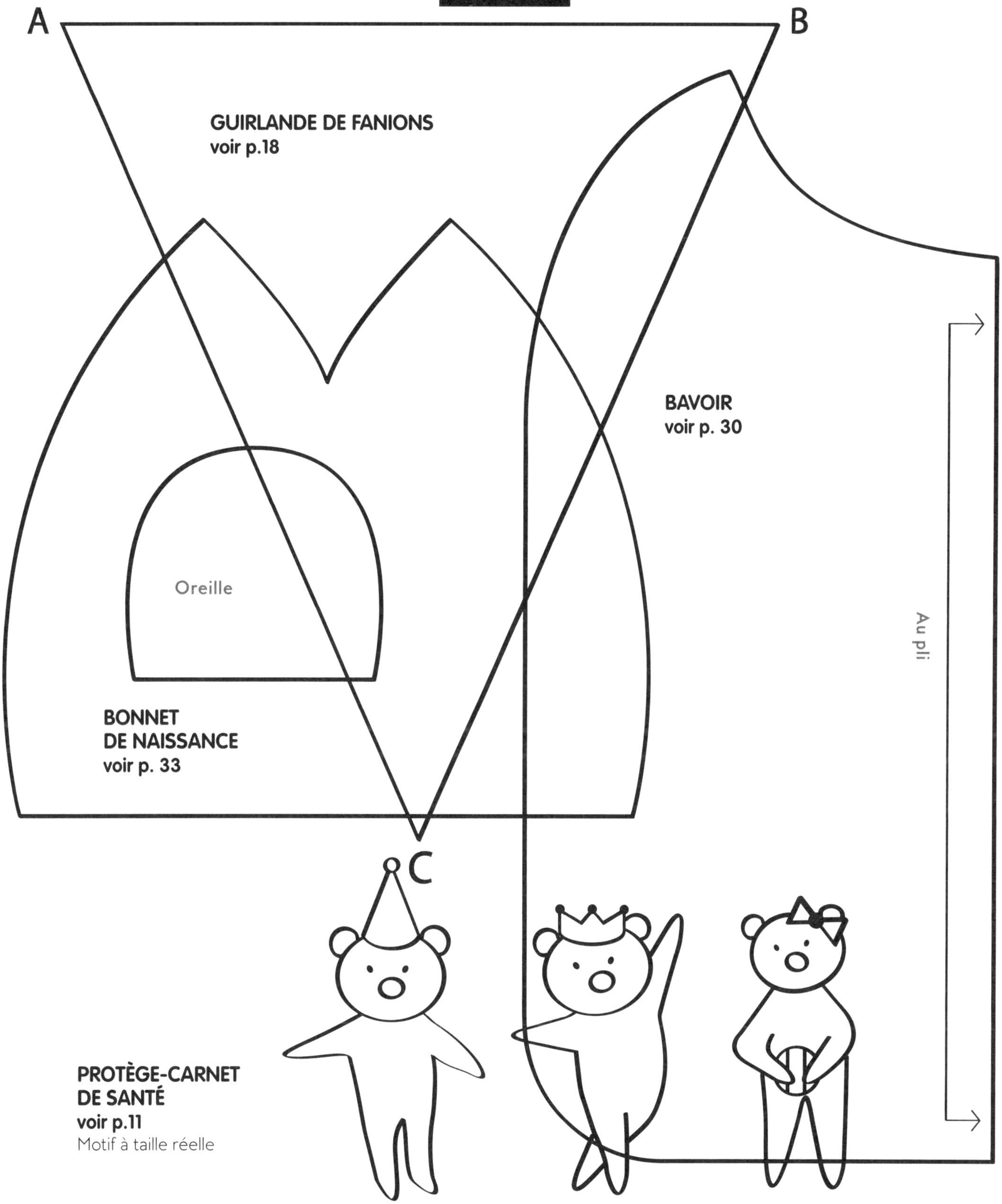
A
B
GUIRLANDE DE FANIONS
voir p.18
BAVOIR
voir p. 30
Oreille
Au pli
BONNET
DE NAISSANCE
voir p. 33
C
PROTÈGE-CARNET
DE SANTÉ
voir p.11
Motif à taille réelle

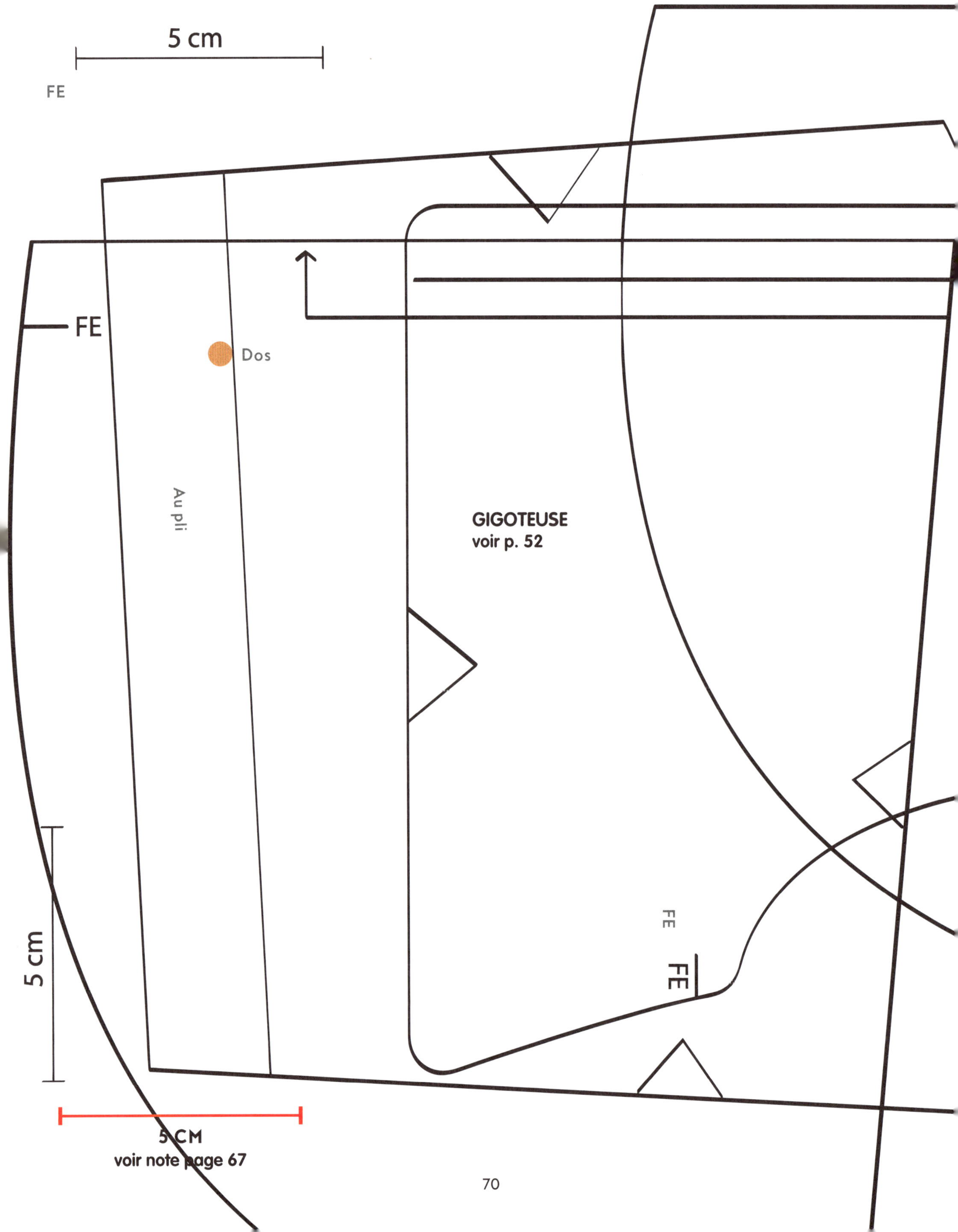

5 cm
FE
FE
Dos
Au pli
GIGOTEUSE
voir p. 52
FE
FE
5 cm
5 CM
voir note page 67

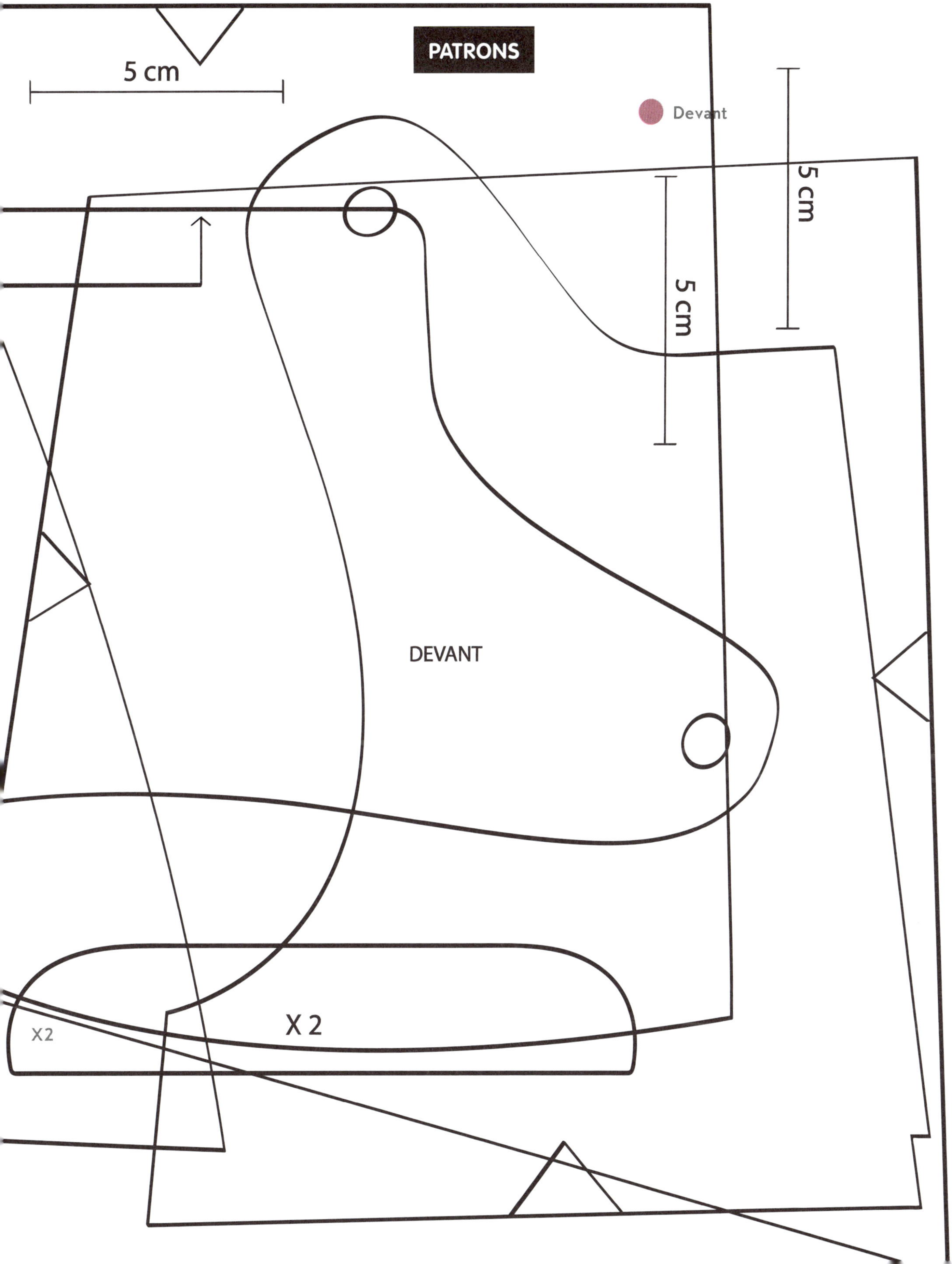
PATRONS
5 cm
Devant
5 cm
5 cm
DEVANT
X 2
X2

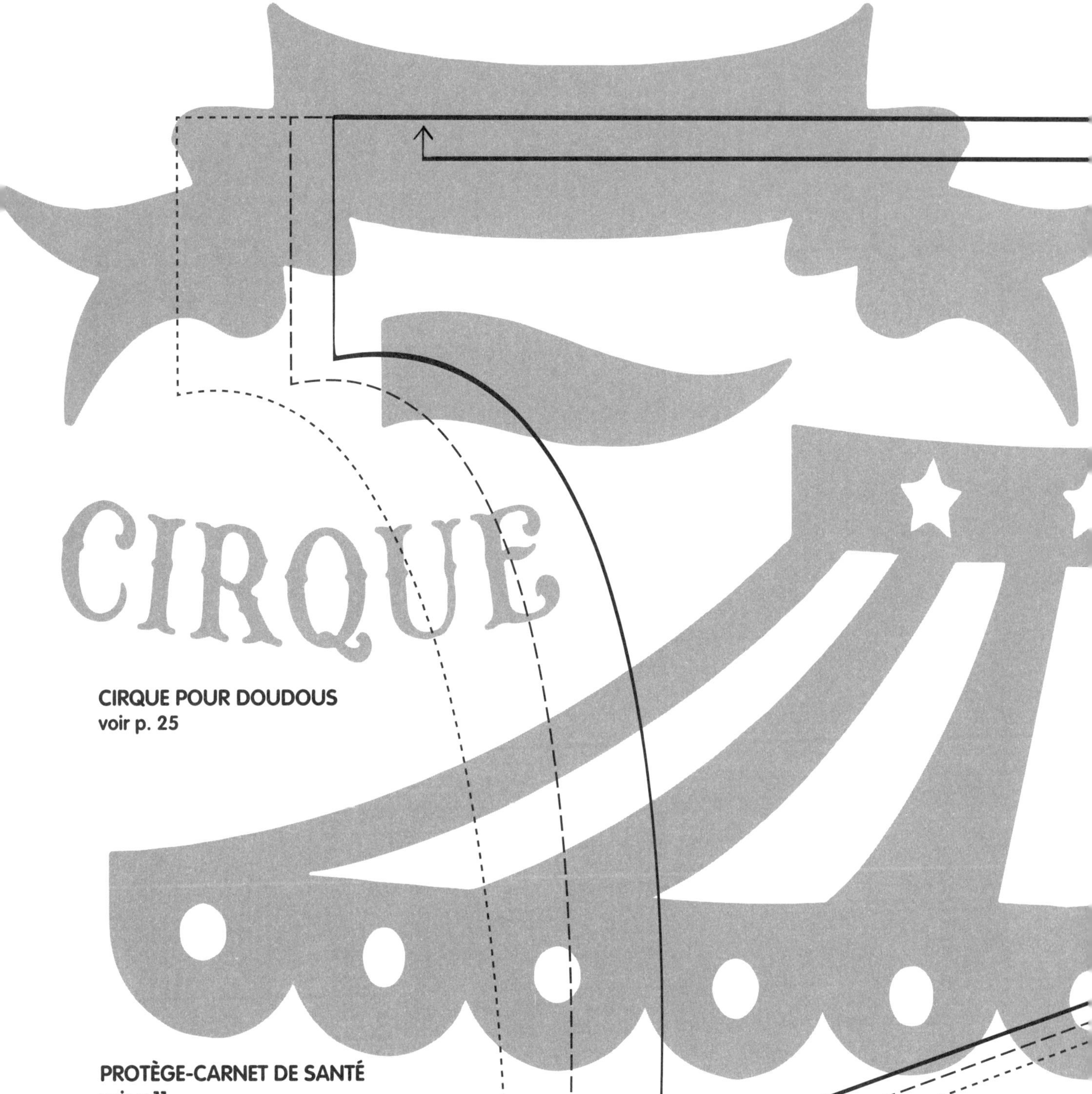

CIRQUE POUR DOUDOUS
voir p. 25

PROTÈGE-CARNET DE SANTÉ
voir p.11
Alphabets à taille réelle

abcdefghijklmn

ABCDEFGHIJKLMN

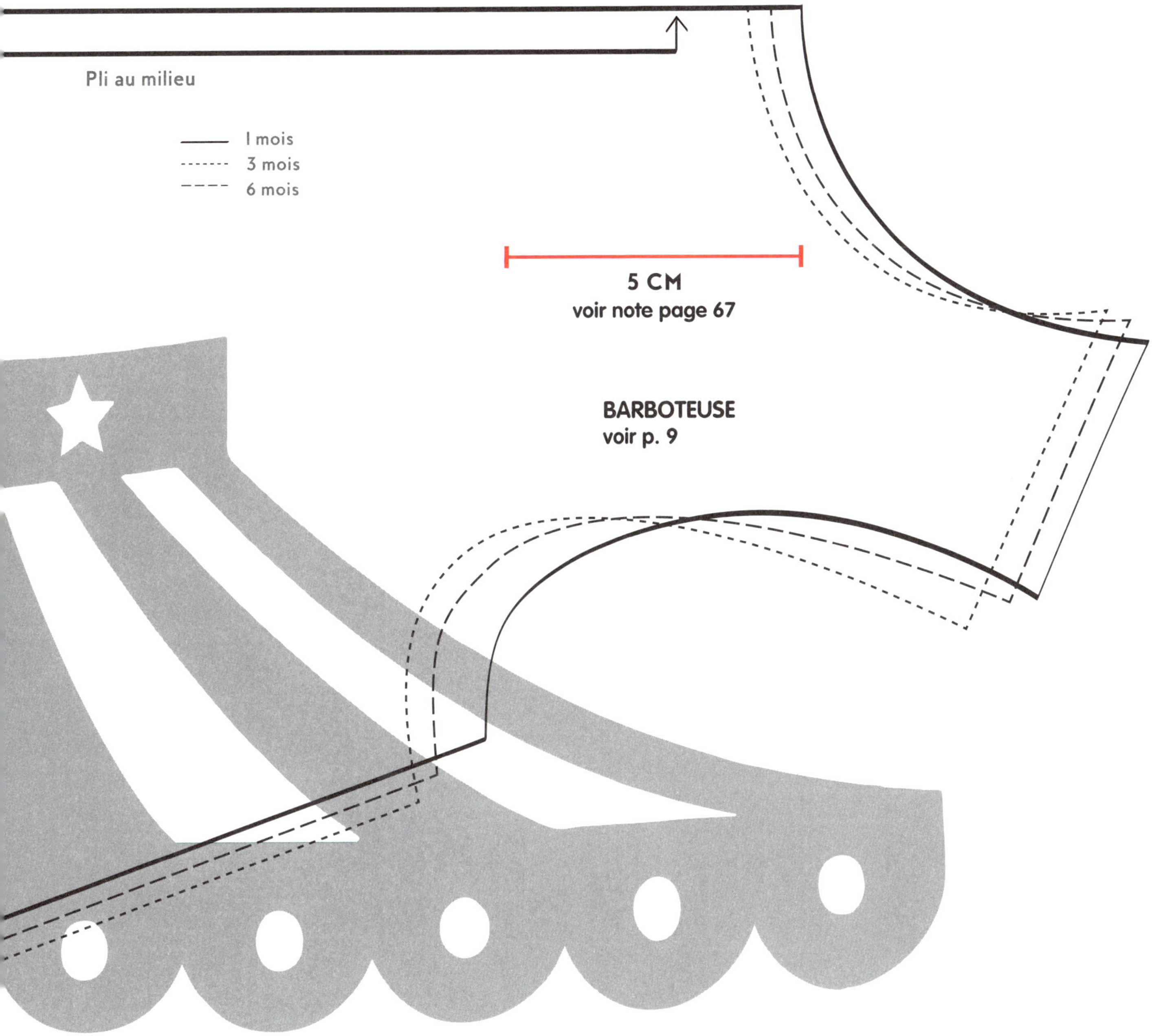

opqrstuvwxyz
OPQRSTUVWXYZ

PATRONS

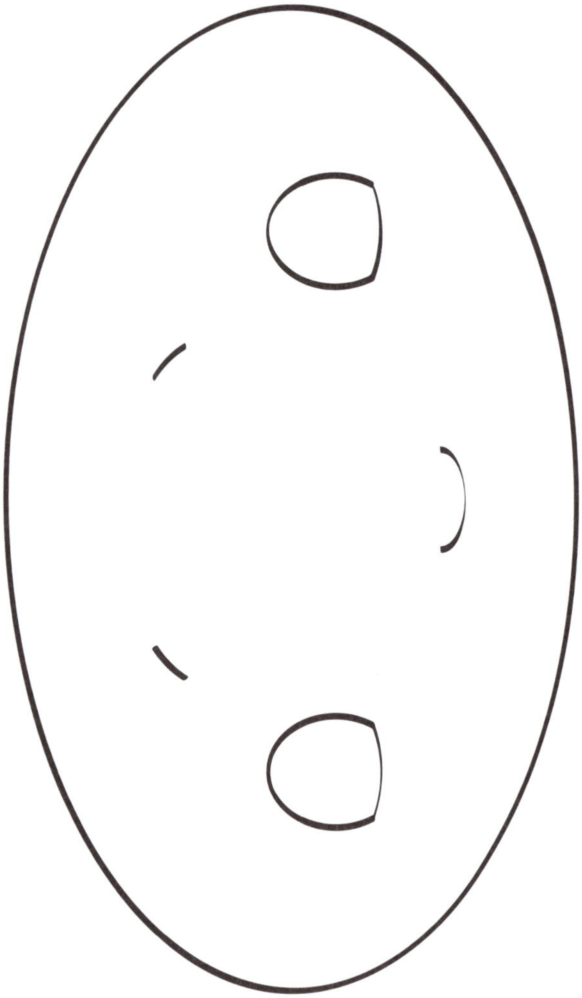

PATCH
voir p. 34

CAPE DE BAIN
voir p. 55

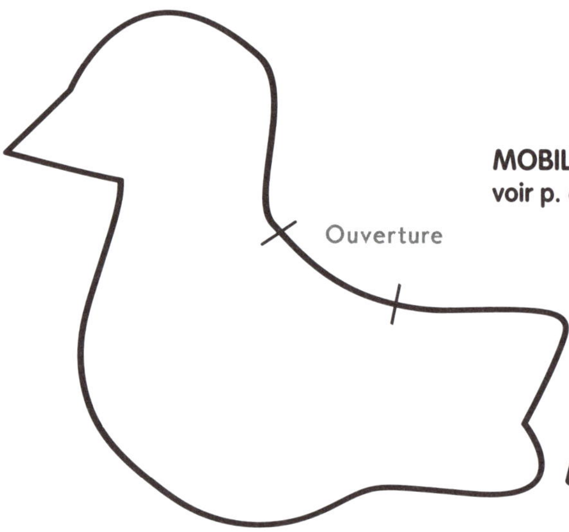

MOBILE
voir p. 63

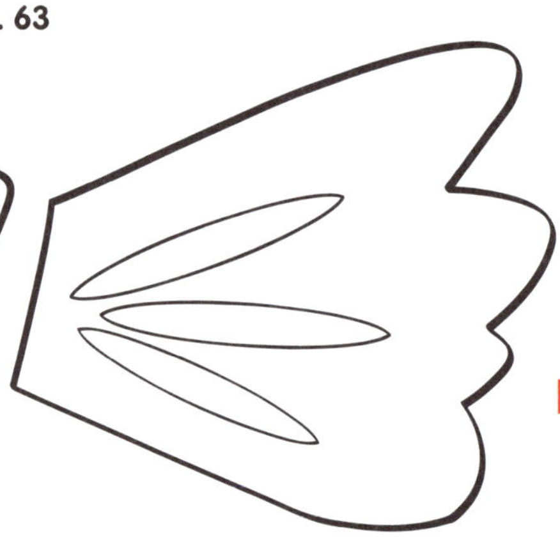

5 CM
voir note page 67

LIVRE D'ÉVEIL
voir p. 14

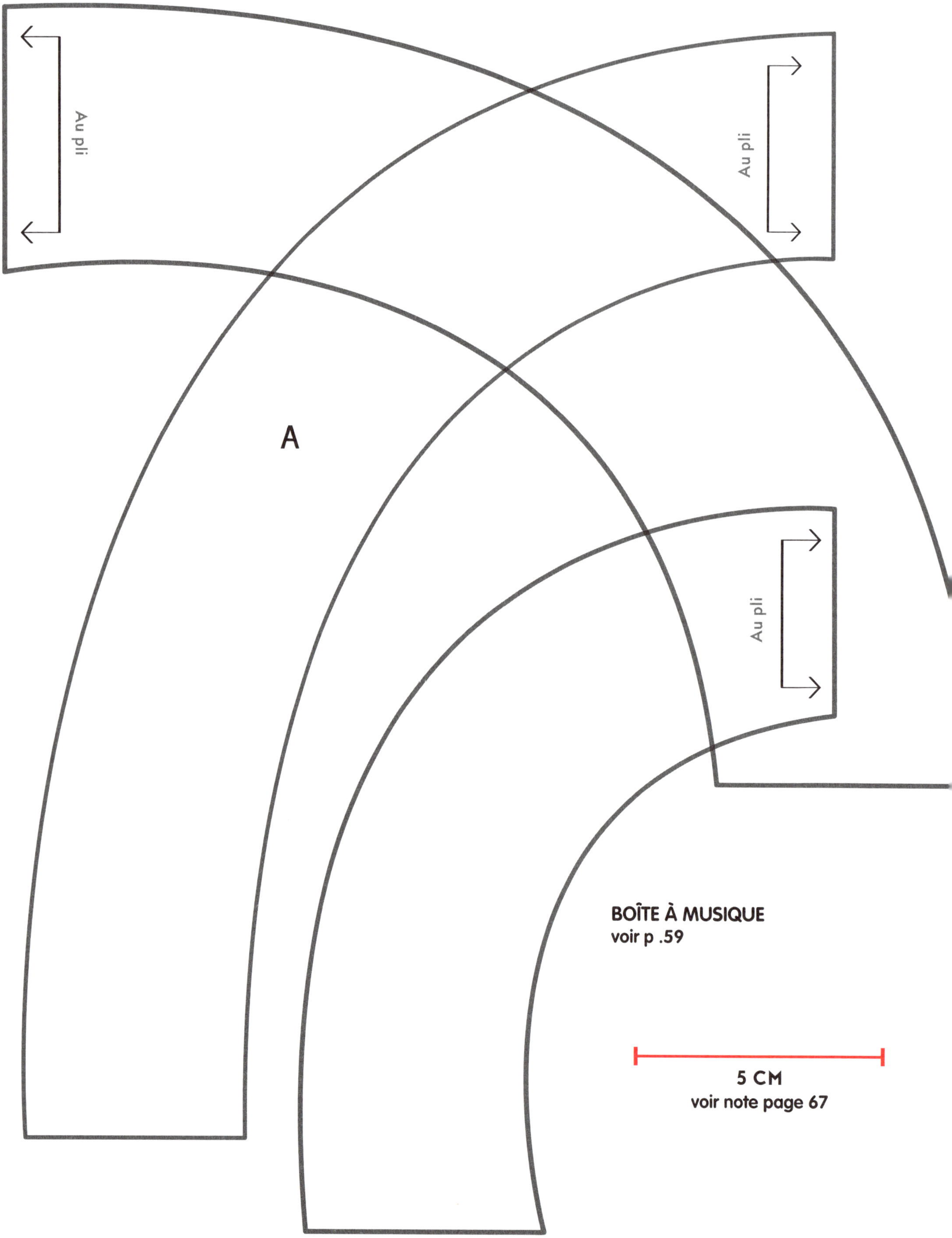

BOÎTE À MUSIQUE
voir p .59

5 CM
voir note page 67

PATRONS

ANNEAUX DE DENTITION
voir p. 51
Taille réelle

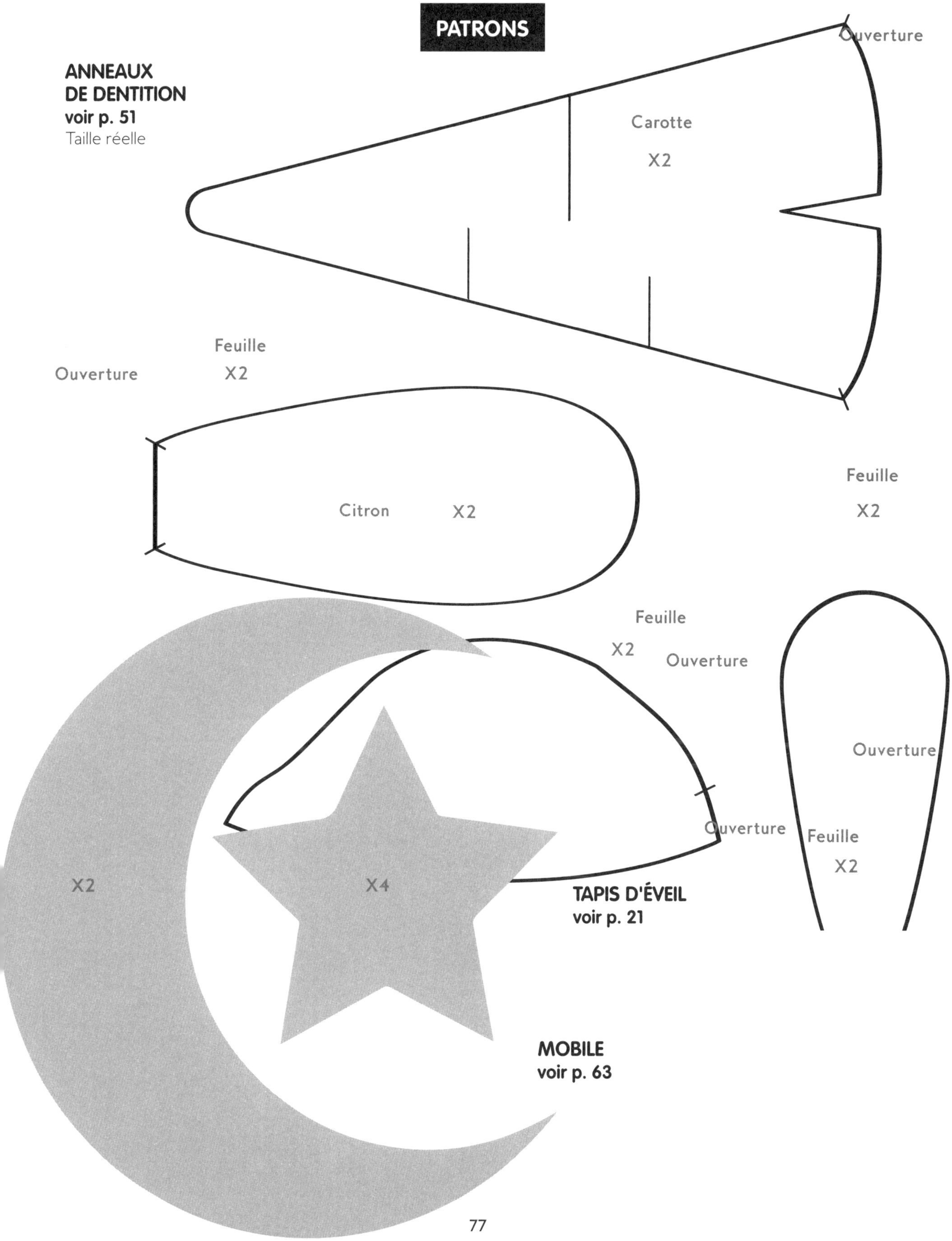

TAPIS D'ÉVEIL
voir p. 21

MOBILE
voir p. 63

5 CM
voir note page 67

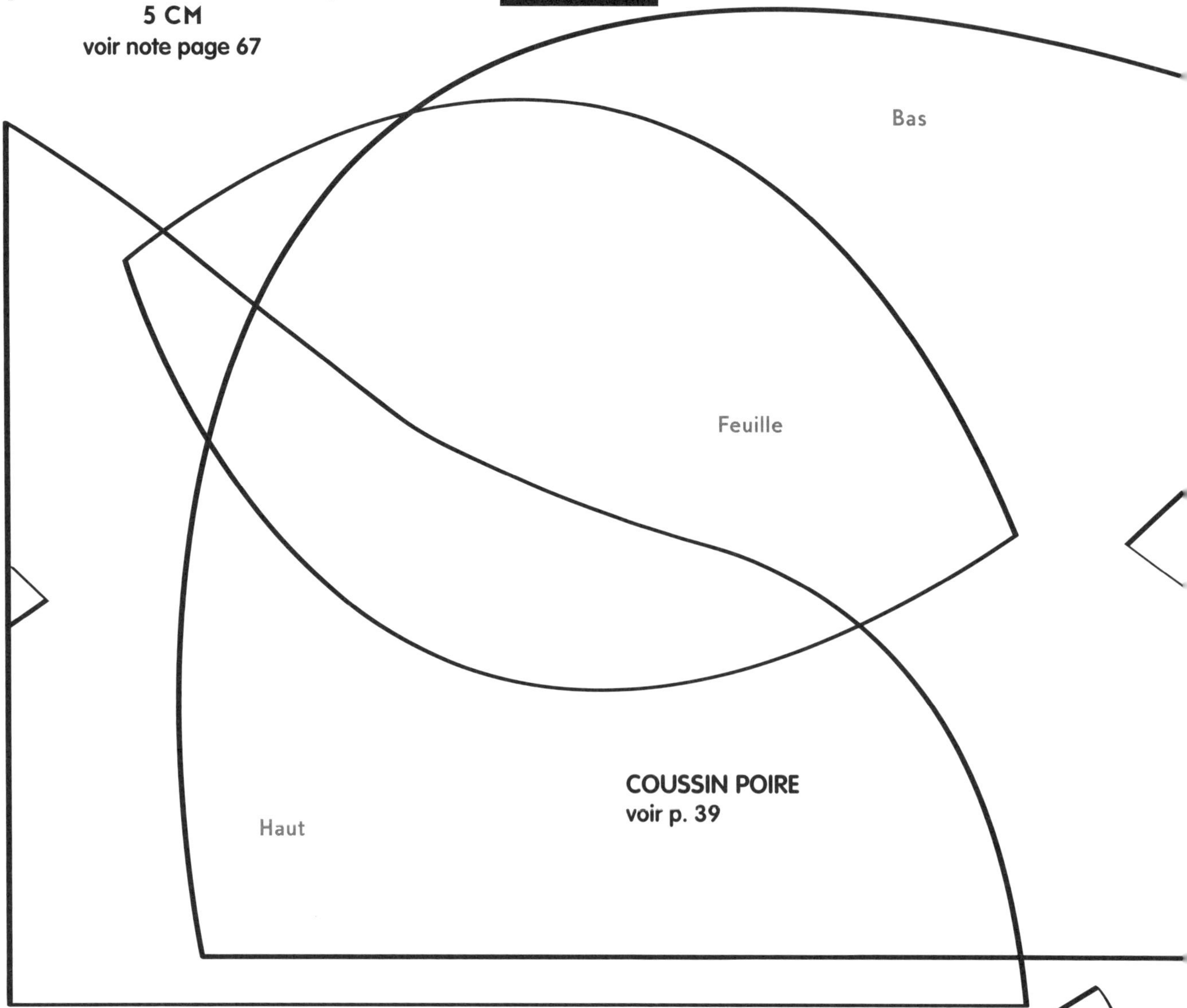

COUSSIN POIRE
voir p. 39

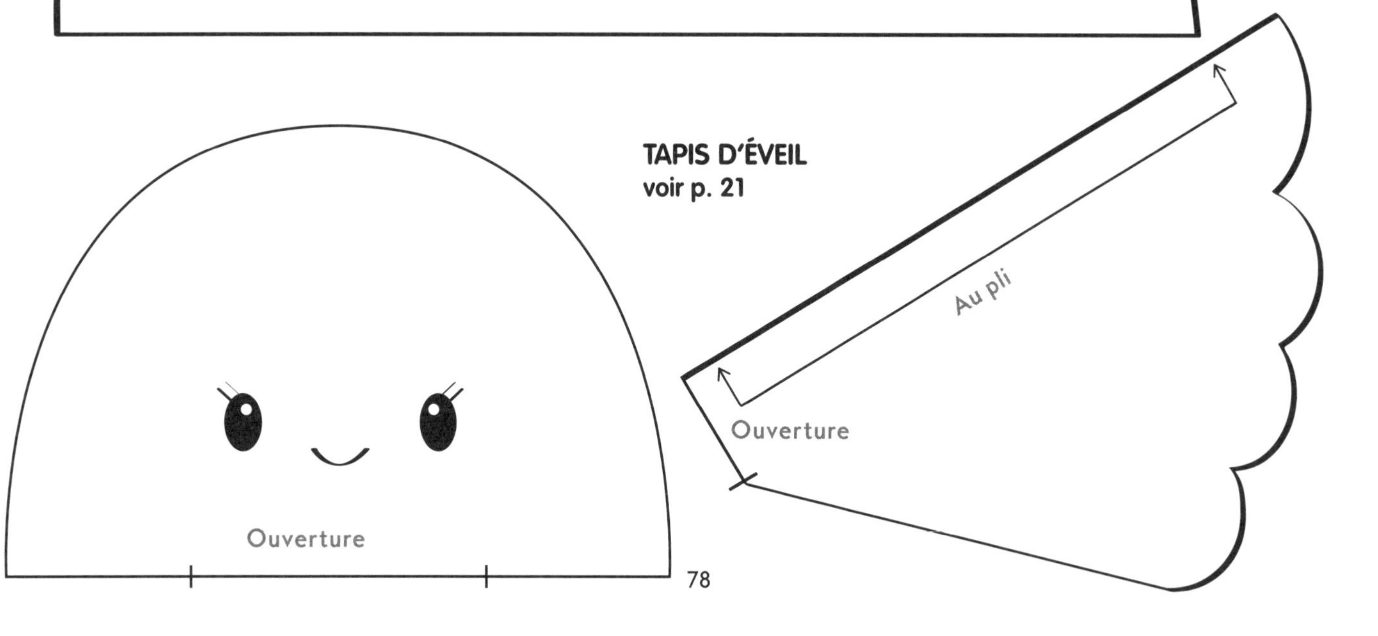

TAPIS D'ÉVEIL
voir p. 21

ÉTAGÈRE RÊVÉE
voir p. 44

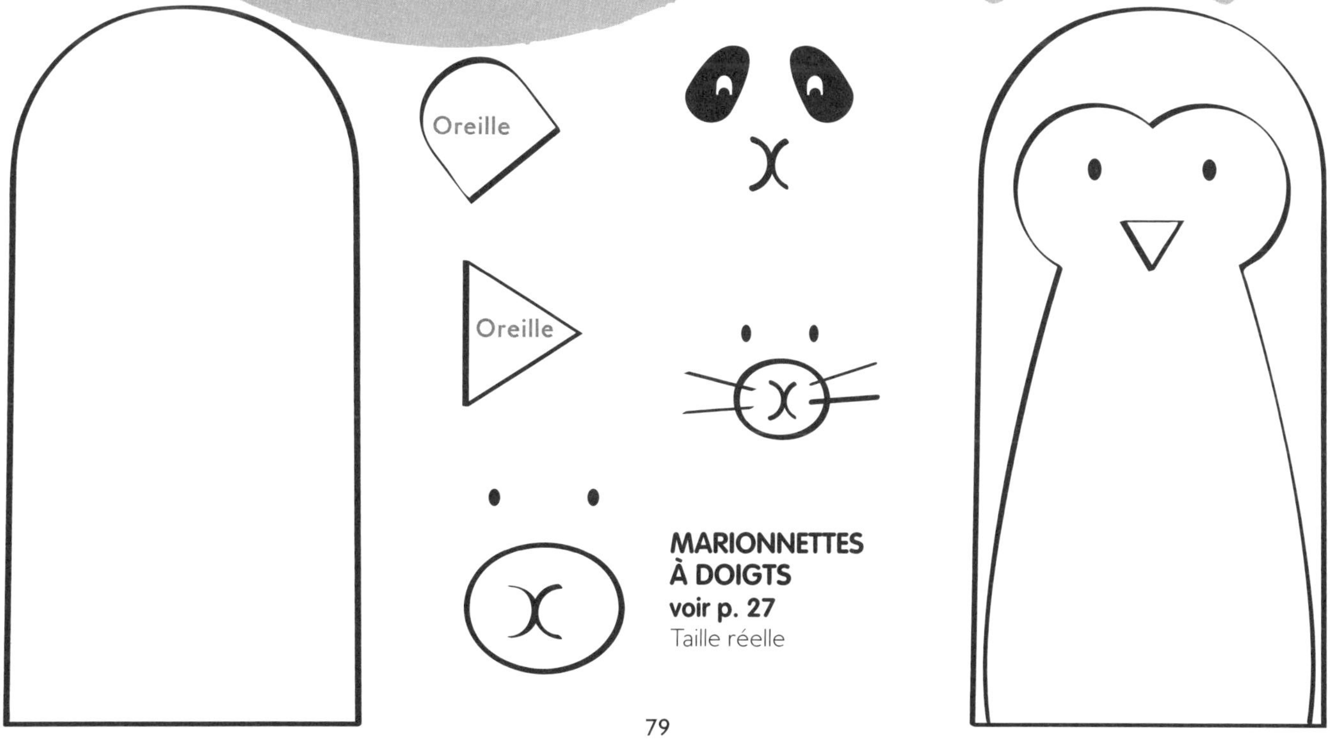

MARIONNETTES À DOIGTS
voir p. 27
Taille réelle

CARNET D'ADRESSES

Stoff & Stil
www.stoffstil.fr/

Sostrene Grene
www.sostrenegrene.com/fr

DMC
www.dmc.com

La Petite Maison Couture
www.lapetitemaisoncouture.com

Pilot Pintor
www.pilotpen.fr/

Retrouvez l'univers de Valentine Vincenot

happy_as_a_bee_

REMERCIEMENTS

Merci à Selfmade (Stoff & Stil) pour leurs si jolis tissus, de qualité et respectueux de l'environnement.

Merci à DMC pour les fils à broder made in France, durables et parfaits pour camoufler les taches, à la Petite Maison Couture pour ses jolies étiquettes.

Merci à ma grand-mi, qui a retourné ses armoires pour dégoter de vieilles nappes et chemises, à ma maman pour son pull bouloché (et surtout pour les heures de babysitting quand la crèche était fermée), et à M. O pour ses tee-shirts et sa capacité à prendre le relais les jours de shooting ou les soirées écriture.

Merci également à Cathy et Marion pour leur relecture attentive du tutoriel tricot, et à Maeve la spécialiste du rembourrage de dernière minute.

Merci à Marguerite et Jorge pour leurs magnifiques doudous.

Aussi, merci à Jonas, qui a toujours l'œil pour sublimer mes créations, et à Oscar et Baby O, qui ont bien voulu jouer les mannequins le temps d'un shooting.

Enfin, merci à Pascale, toujours à l'écoute, qui a su s'accommoder avec mon emploi du temps chargé et me booster quand j'en avais besoin !

Marabout (Hachette Livre) 2021
édité par Hachette Livre
(58, Jean-Bleuzen - 92178 Vanves Cedex)

Dépôt légal : septembre 2021
ISBN : 978-2-501-16156-5
56-3933-5

Création et mise en pages : Sophie Villette
Dessins : Jean-Michel Cornu
Adaptation : Dominique Montembault
Imprimé en Espagne chez Graficas Estella